변화체

변화체

초판 1쇄 발행 2022. 04. 25.

지은이	원덕규
펴낸이	방주석
펴낸곳	베드로서원
주 소	10252 경기도 고양시 일산동구 고봉로 776-92
전 화	031-976-8970
팩 스	031-976-8971
이메일	peterhouse@daum.net
등 록	2010년 1월 18일
창립일	1988년 6월 3일
ISBN	979-11-91921-06-9　03230

책값은 뒤표지에 있습니다.

베드로서원은 문서라는 도구로 한국교회가 복음의 본질을 회복하고

마을목회와 선교적교회로 나아가는데 기여하고자 최선을 다하고자 합니다.

나의 힘이신 여호와여 내가 주를 사랑하나이다(시 18:1)

첫째 부활 = 부활/변화체

변화체

원덕규 지음

차례

머리말   7
개관   15

1부 성경개관

1. 인류 시원사를 포함한 창조신학을 바라보는 관점   25
2. 하나님과 인간의 연결고리   27
3. 예언적 요소   31
4. 천지창조를 통해 본 새 하늘과 새 땅 창조의 원리   36
5. 인간 역사에 유유히 흐르는 생명의 강   52
6. 벌거벗은 교회의 실체와 구원의 길이란   60
7. 하나님의 나라를 이루는 의인의 피   66
8. 타락한 하나님의 아들들과 노아 방주의 영적 의미   72
9. 5개월 환난의 정체   80
10. 아이 밴 자와 젖 먹이는 자   85

2부 교회시대와 종말에 대한 제언

1. 성경은 누구를 향한 말씀이고 경고인가   91
2. 하나님은 남은 자를 찾으신다   93
3. 믿음이란 본질적 의미조차 잃어버린 현대교회   96
4. 종말론 4대 학설에 대하여   104
5. 종교개혁시대마다 중심되는 신학적 원리   129
6. 세속화된 현대 기독교 문명은 여기서 이대로 좌절할 것인가   142
7. 기독교의 살길은 변화체 신학을 실천하는 길뿐이다.   151
8. 교회 내 적그리스도의 정체와 그들의 전술 전략   154
9. 교회사 - 세계사관 입장에서 바라본 임진왜란의 의미   166

3부 어느 증인의 삶

1. 어느 여종의 삶   183
2. 아! 기회가 아직 남았을까   199
3. 과연 이 길을 갈 수 있을까   209

머리말

"진리를 알지니 진리가 너희를 자유케 하리라"(요 8:32)

"내 백성이 지식이 없으므로 망하는도다 네가 지식을 버렸으니 나도 너를 버려 내 제사장이 되지 못하게 할 것이요 네가 네 하나님의 율법을 잊었으니 나도 네 자녀들을 잊어버리리라"(호 4:6)

하나님 말씀 진리는 인간을 구원하시는 모든 말씀을 포함한다. 약속, 예언, 심판을 포함한다. 창세기에서 요한계시록에 이르기까지 가감될 어느 한 구절도 절대로 없다.

따라서 신앙인은 성경을 통해 하나님 구속사역이 예수 그리스도를 통해 어떻게 이루어지는지 약속, 예언, 심판 등 이 모든 것에 하나님의 말씀을 왜곡하지 않고 성심을 다해 뜻을 구하고 깨달아 실천해 가는 삶이 중요한 것이다. 믿음의 열매는 곧 부활과 변화요, 영생이다. 첫째 부활에 참여하는 것이다.

"내가 하늘로서 내려온 것은 내 뜻을 행하려 함이 아니요 나를 보내신 이의 뜻을 행하려 함이니라 나를 보내신 이의 뜻은 내게 주신 자 중에 내가 하나도 잃어버리지 아니하고 마지막 날에 다시 살리는 이것이니라 내 아버지의 뜻은 아들을 보고 믿는 자마다 영생을 얻는 이것이니 마지막 날에 내가 이를 다시 살리리라 하시니라"(요 6:38~40)

마지막 날에 진리성도는 부활과 변화로 첫째 부활 역사에 참여한다. 입으로만 믿는다 하여 다 참여하는 것이 아니라 영적인 환난에서 진리의 믿음으로 승리한 성도가 참여하는 것이다. 성경에서 언급된 음녀, 거짓 선지자, 적그리스도의 영의 모습이 진리성도 앞에 어떤 모습과 영적인 현상으로 등장하여 미혹하는 것인지 알고, 이들의 궤휼에 넘어가지 않고 승리한 자들인 진리성도들이 그 주인공이 될 것이다.

그래서 진리성도는 이들이 어떻게 사망으로 몰아가는지도 분별해야 한다. 왜냐하면 하나님의 백성에겐 반드시 이와 같은 영적 환난을 이겨내야 하는 과정이 있기 때문이다. 또 영분별을 할 줄 알아야 미혹 당하지 않고 영적 환난을 극복할 수 있기 때문이다.

이러한 영분별 하에 과거 선지자를 포함한 믿음의 중인들은 어떻게 삶을 살아갔고, 그 삶과 삶 속에 하나님의 말씀은 오늘날 우리에게 어떠한 약속, 예언, 심판의 모습을 의미해 주고 재현해 주는지 다윗 신앙의 뿌리가 되어 가감하지 말아야 하는 것이다.

마지막 때라 하면서 정작 마지막 때 교회를 중심으로 일어나는 일에 대해 영적으로 캄캄하면 자신도 모르는 사이에 미혹될 수 있다. 인 때는 사건은 무엇이며, 나팔 사건은 무엇이며, 황충의 화, 마병대 화는 교회시대 마지막 어떻게 진리성도 앞에 나타날 것인지 분명한 진리신앙의 시각에서 분별하여야 한다.

필자는 대부분 한국교회가 세대주의 시각을 가지고 문자 위주의 성경 해석적 관점을 보이는 것에 매우 우려하지 않을 수 없는 입장이다.

주 예수 그리스도가 보여준 병을 고치고, 죽은 자 살리시고, 바다 위를 걷고,

오병이어 역사 등 수많은 표적과 기사와 이적이 믿음의 본질인가. 아니다. 이는 일시적 기사와 이적으로 나타난 하나님의 은사요, 은혜다. 최종 도달할 근본적 진리 믿음의 열매는 부활이요 변화 즉 구원이다. 이를 통하여 하나님의 공의와 정의가 실현되는 것이다.

부활과 변화의 철저한 삶을 지향하지 않는 육신주의 믿음은 우리에게 명한 하나님의 약속의 말씀을 잃어버린 모습이다. 그에게 믿음의 모양은 있으나 약속과 예언, 심판의 말씀은 없다. 따라서 육신적 고난이 임할 때 쉽게 원망하며, 그리고 하나님을 아는 지혜와 지식을 부러 외면하고 왜곡하는 자이다.

오늘날 현대인들은 언어 역사적으로 본다면 최고의 문자 문명의 혜택을 누리며 살아가고 있다. 이는 그리스도인들이 특히, 성경을 통해 계시되는 하나님의 뜻을 직접 알아갈 수 있다는 것이 문자 문명 혜택의 증거가 된다.

성경을 해석하고 전하는 것은 과거 제사장, 서기관들의 독점물이었고, 기원 후 중세 신부 세계의 교부교권주의 시대까지, 즉 종교개혁 이전까지 이어졌다. 영적 레위지파, 제사장 지파라 할 수 있는 그들을 통해 성경번역과 복음 전파에 중심이 되었었다. 그러나 종교개혁 이후 성경번역은 지금까지 세계 모든 언어로 번역되어 누구나 하나님의 왜곡되지 않은 뜻을 발견해 나갈 수 있으며, 삶에 진리의 신앙을 기준으로 삼아 하나님의 지혜와 명철로 인도하심받아 실천할 수 있는 길이 열리게 된 것이다.

"율법과 선지자는 요한의 때까지요 그 후부터는 하나님 나라의 복음이 전파되어 사람마다 그리로 침입하느니라" (눅 16:16)

예수 그리스도는 우리의 영원한 대제사장이시다. 신부, 목사, 평신도 구분 없이 누구나 문자혁명의 결정체인 성경을 통해 우리는 영원한 대제사장이신 예수 그리스도의 제자가 될 수 있다. 우리는 하나님이 인간에게 구속사업을 어떻게 펼쳐나가시는가, 그 핵심을 이제는 성경을 통해 직접 알아갈 수 있다는 것이다.

물론 예수 그리스도가 십자가에 죽으심으로 성소의 휘장이 갈라져 공식적 율법시대가 종말을 고했듯이 주님께서 십자가의 죽음, 그 순간까지는 율법시대가 명분상 유효했다. 그리고 주님의 재림 사건까지 교회시대는 유효하여 목회자들의 영적 권위는 유효할 것이다. 그러나 성경을 제대로 보면 얼마나 그들이 하나님 앞에 불순종하고 하나님의 뜻을 왜곡하였는가를, 그리하여 이스라엘 민족이 얼마나 하나님 진노의 대상이 되었는가를…. 불순종한 이스라엘 역사의 모습, 그 중심에는 항상 대제사장 등 거짓 선지자들이 있었다는 것이다.

과거 예수 그리스도 이후에도 수 없는 세월 동안 인간은 문자 문명의 혜택을 한동안 누리지 못했다. 교회 시대가 시작됨에도 불구하고, 초기 사도의 역할 등 영적 레위지파의 영적 권위는 분명 유지되어 왔지만, 많은 자들이 영적 레위지파의 권위에서 떨어져 나갔다. 그리고 그 결정체가 중세 가톨릭을 심판한 종교개혁이다. 교회시대 마지막에도 마찬가지이다. 정통이라 주장하는 목회자 세계 또한 영적 대환기에는 어느 역사시대를 막론하고 제사장 지파가 타락을 하듯 육신교권주의로 몰락하고 타락하게 되는 것이다.

이스라엘 역사에서 수많은 자칭 선지자가 하나님의 심판을 피하지 못하고 육신으로 전락되어 진노의 대상이 된 것을 현대교회 육신교권주의자들은 애써 간과하고 있다.

하나님의 종, 파수꾼이 사명을 잘 감당하면 사실 받을 면류관은 따로 있다. 그러나 분명한 것은 영적 신분은 종이라는 사실이다. 종은 파수꾼, 청지기, 성전을 거룩하게 지키는 자에 불과하다. 상속자는 종이 아니라 아들이 장성하면 되는 것이다. 파수꾼이 거룩하지 못하면 그 성전은 종말이요, 환난이요, 끝인 것이다. 지금은 성도들의 신앙이 어린아이 신앙 수준에서 진리세계를 상속받을 장성한 아들의 신앙 수준으로까지 성숙해져야 하는 시대이다. 진리의 신앙 만이 사탄을 무저갱에 가둘 수 있는 마지막 때 진리신앙이다.

인간의 믿음이 하나님 나라를 상속받을 아들의 신앙으로 키우게 함이 종의 사명이요, 전도자의 사명이요 파수꾼의 역할인 것이다.

그러나 오늘의 교회 모습이 과거로 회귀하고 있는 느낌을 지울 수 없다. 교회시대 마지막에는 아들의 권위가 높아져야 하는데, 반대로 구 가톨릭 교권주의처럼 종들을 아직도 떠받들고 그들은 또 왕처럼 군림하는 현상이 우리 주위 교회의 모습에는 비일비재하다. 높아지는 것은 자기가 높아지려 한다고 높아지는 것이 아니다. 남이 높이 인정해야 하는 것이다. 끝까지 겸손하고 낮아지는 심령을 가져야 하나님이 주의 나라에서 높이시는 것이다. 아들이 진리의 믿음으로 장성하면 종의 역할은 끝임을 알아야 한다.

현대교회는 아직도 중세 가톨릭 교권주의 신앙과 신학의 한계에서 벗어나지 못하고 있다. 오히려 답습하고 있는 실정이다. '**모든 피조물이 고대하는바 하나님의 아들들이 나타나야 하는 시대**'에 목회자 즉 하나님 종들의 세계는 과거 가톨릭 신부 세계와 같이 왕처럼 군림하는 사고에서 크게 벗어나지 못하는 현실을 지울 수 없다. 영적 타락의 모습이라 아니할 수 없다.

목회자, 신학자만이 성경의 독점권을 갖는 시대는 이미 중세 종교개혁으로 심판이 이뤄졌다. 과거엔 일부 히브리어, 아람어, 탈굼어 등 제한된 고대 언어로 성경에 접근할 수 있었다. 그러나 종교개혁 이후 오늘날에 이르러서는 대부분 세계 모든 언어로 성경이 번역되어 모든 인류는 성경에 직접 접근하여 하나님의 뜻을 깨달아 알아갈 수 있는 시대가 되었다는 것이다.

마치 목회자만이, 신학자만이 성경을 해석하고 깨닫는 양 그 사고방식에서 벗어나지 못하는 것은 영적 율법교권주의 사고라 아니할 수 없다. 이 또한 많은 신자들이 아무 영 분별없이 받아들이고 있다는 사실에 놀라울 뿐이다.

현재 그리스도인들에게는 이 땅의 문화를 그리스도 문화로, 하나님의 형상을 회복한 부활체(변화체) 되어 진리의 사랑으로 다스려지는 진리세계, 천년시대의 문을 열어 새 하늘과 새 땅을 전개시켜야 할 과제를 해결해야만 하는 시점이다. 이 역사를 그리스도 첫째 부활에 참여하는 부활체의 신앙과 변화체의 신앙이 아니고 그 무엇으로 하나님의 나라를 열 수 있다는 것인가.

홍해를 건너는 하나님의 가장 큰 은혜를 체험한 이스라엘 백성은 광야에서의 불순종과 원망으로 하나님의 약속에 대한 신뢰를 가지지 못해 심판의 대상이 되었다. 가나안 땅을 주신다는 하나님의 약속의 말씀과 뜻에 순종한 여호수아와 갈렙을 제외하고는 모두 광야에서 심판을 당했던 것이다.

이 사건이 의미하는 바가 무엇일까. 여호수아와 갈렙은 어려움 앞에서도 가나안 점령이라는 하나님의 약속을, 마지막 진리 성도는 부활과 변화 곧 영적 가나안 땅, 진리세계를 주시리란 약속 말씀에 흔들리지 않아야 한다는 사실이다.

교회시대는 '주님 재림 역사'라는 사실을 눈앞에 두고 있다. 교회는 주님 재림 역사 앞에 합당한 신앙의 열매를 맺어야 한다. 현대교회에서 주님 재림의 역사는 어떻게 영적으로 전개될 것인가에 대해 고민하고 영적 분별력을 잃지 말고 뜻과 정성과 심지어 목숨을 다해 해결해야 할 상황이라는 것이다.

　본서에서 미처 언급하지 않는 부분이 있다. 영적인 시각에서 해석함에 예민할 수밖에 없는 부분들이다. 그럼에도 불구하고 중요한 종말에 관한 영적 의미는 충분하리만큼 대부분 언급하였다고 본다. 직접적으로 다루지 않았다 하더라도 독자들이 본서를 깊이 이해한다면 사실 그 부분까지 유추하여 영적으로 공감하고 충분히 깨달음에 이를 수 있을 것이다.

　그럼에도 일부 언급하지 않는 점에 독자를 향한 재차 아쉬운 부분은 과거 필자와 필자의 목회 사상에 영향을 준 고인이 된 분을 수차례 회유한 바 있었던 사실에 연유함이다. 고인과 필자가 이에 응하지 않자 이미 발간된 도서들을 통해 언급된 종말론적 견해가 마치 자신들의 주장이요, 견해인 양 이용하기보다는 도용했다는 영적 느낌을 지울 수 없어 이내 조심스럽지 않을 수 없기 때문이다.

　그리고 현재 그들은 세력화되어 있고, 특히 성경을 세대주의 사고로 해석하여 종말을 주장하고 있다. 심지어 사회적 물의까지 일으키고 있는 상황에 이내 조심스럽지 않을 수 없는 입장이기도 하다.

　미처 언급하지 않은 아쉬운 부분은 추후 집필을 통해 기회가 되거나 아니면 SNS와 혹 대면하여 언급되길 기대한다. 아울러 본서 1부에 언급된 일부분은 고 박상호 목사의 《진리로 다스리시는 하나님》(도서출판 예루살렘, 1997년) 내용을 일부 재편집하여 포함하였음을 밝힌다. (위 도서 또한 필자가 편집한 것임)

개관(槪觀)

최고의 문명사회를 살아가는 오늘날 인간에게 있어 하나님의 가장 큰 선물 중 하나는 분명 성경이다. 성경은 인류 언어문화의 꽃이다. 성경 한 구절 한 구절 모든 곳에는 하나님의 창조 섭리와 인간을 향한 구원의 손길들이 기록되어 있다.

오늘을 사는 현대인에게 과거의 역사시대를 살지 않았어도 과거 모든 선지자 즉 믿음의 증인들과 함께하였던 하나님의 뜻을 언어로 공감할 수 있고 알아갈 수 있는 것이다. 또한 미래사회에 대한 예언적 관점에서 방향도 제시받을 수 있다.

창세기에서 출발한 하나님의 역사는 요한계시록에 이르기까지 창조와 구원, 심판, 재창조의 역사로 귀결된다. 인류를 구원하시는 과정은 시대마다 계시적 측면에서는 자연계시, 특별계시, 율법을 포함한 성문계시로 구분하여 왔다. 또한 언약 및 족장시대, 율법시대, 은혜 및 교회시대를 말하기도 한다. 혹자는 제사시대, 성령시대를 언급하기도 하며, 복음시대, 이방인 시대, 선교시대라는 표현을 쓰기도 한다.

이 모든 구분된 미사여구를 폐일언하며 어느 시대를 막론하고 인간이 하나님 앞에 은총과 구원의 긍휼함을 입는 것은 하나님의 마음을 바로 읽고 깨달아 순종하며 나아갈 때만이 가능했다.

하나님을 향한 진실한 신앙이 배제된 이스라엘 민족의 제사의식과 율법주의, 교회의 교권신앙, 인본주의 신앙은 철저히 심판의 대상이었음을 성경 전체에서 언급한다.

　창세기에서 시작된 창조역사에 이은 족장시대, 그 무대를 장식했던 증인들의 삶은 철저히 하나님의 뜻을 온전히 따라갔느냐 아니면 왜곡했냐를 기준으로 선택되고 버림받았다.

　시내 산 모세를 시작으로 예수 그리스도 초림역사에 이르기까지 역사에 중심이 되었던 표면적 이스라엘의 율법도 이스라엘 백성의 마음이 하나님을 경외하는 신앙에서 멀어졌을 때 이스라엘 민족은 이방 민족의 조롱거리가 되었고, 하나님 심판의 칼날은 과거 아무리 선택받은 이스라엘 민족이라 할지라도 비껴가지 않았다.

　초대교회를 여는 과정에서 아나니아와 삽비라 사건에서도 인간이 하나님 앞에 거짓된 가증한 면을 버리지 못할 때 그들의 결말이 어떠하였는가를 여실히 보여준다. 하나님 앞에서는 왜곡되지 않고 진실된 신앙이 얼마나 중요한가를 증명하고 있는 것이다.

　교회시대에서는 또한 어떠한가. 사도들의 복음 증거 이후 인류는 은혜 또는 성령시대라고 하는 교회시대를 살아가고 있다. 그러나 중세 가톨릭교회는 '교회의 절대무오성' 또는 '교황의 절대무오성'이라는 신학적 오류를 탄생시켰고, 그 굴레에서 벗어나지 못할 때 종교개혁을 통한 역사의 심판 그 철퇴를 맞았다.

　더 나아가 끝내 중세 가톨릭은 새로운 시대의 역사를 부정하고 거부했다. 그 결과 세계 역사는 이베리아반도 국가를 중심으로 가톨릭 영향권 내 서구 세력에 의해 아프리카, 서남아시아, 동남아시아 남북아메리카 대륙에 이르기까지 식민지 역사의 불행한 역사를 더 하게 되었던 것이다.

하나님 형상으로 창조된 인간이 전쟁과 약탈 역사 가운데 무참히도 짓밟힐 수밖에 없었던 것이다. 이런 역사는 수백 년 동안 이어갔음을 우리는 분명히 알 수 있다. 그리고 그 후유증은 현재에도 계속 진행 중인 것이다.

오늘을 사는 교회시대의 개신교 역사도 마찬가지이다. 아무리 교회 세력이 부지기수라 할지라도 즉 예레미야 선지자의 말한 바

> "너를 위하여 네가 만든 네 신들이 어디 있느냐 그들이 네가 환난을 당할 때에 구원할 수 있으면 일어날 것이니라 유다여 너의 신들이 너의 성읍 수와 같도다" (렘 2:28)

이와 같이 교회 수가 오늘날 많다 하더라도 교회 안에 진리의 하나님이 왜곡되고 예수 그리스도를 믿는 신앙이 진리 신앙에서 벗어나 육신주의로 흐를 때 수많은 교회는 하나님의 심판에서 예외 될 수 없게 되는 것이다. 이런 교회 모습은 과거 중세 가톨릭과 같이 세계사에 불행한 역사를 반복할 뿐이다.

현대교회가 율법주의, 인본주의, 은사주의, 교권주의화 될 때는 철저히 요한계시록에 언급된 심판을 피할 수 없다. 사회와 역사 앞에 부끄러움과 비난, 조롱거리가 될 것이며, 그리고 이스라엘이 하나님 앞에 원망하고 불순종하여 심판당하길 수없이 경험한 것처럼 철저히 예루살렘 성이 파괴되듯 교회도 무너질 것이다.

교회는 사회의 머리요, 교회의 머리는 예수 그리스도이다. 예수 그리스도의 삶은 철저히 하나님의 정의와 공의에 기반한 부활과 변화의 열매요, 심판을

전제한 계시신학의 꽃이다.

  성경의 모든 선지자의 삶이, 증인들의 삶이 계시신학을 전제한다. 가난한 자 구제하고, 병든 자 고쳐주고, 죽은 자 소생시키고, 바다 위를 걸어가고, 홍해를 가르고, 만나가 내리며, 여리고성이 무너지는 등의 표적은 하나님 주시는 체험적 은혜와 은사로 하나님의 사랑과 함께하신다는 확신을 주는 선물이다. 그럼에도 불구하고 우리 인간은 아니 선택받은 이스라엘과 현대 교회는 얼마나 많은 은혜를 받고서도 하나님의 공의와 정의에서 떠나 육신주의 삶을 이어감으로 배반과 배신을 일삼고 있는가.

  수 없는 표적을 보고도 하나님을 원망하고 배반한 것이 이스라엘이었다. 그들은 죄악 행하기를 무서운 속도록 이방 세력에 동화되어 갔다. 오늘날 신도들은 안 그럴까. 오늘날 신자들이 **'만약 내가 그때 당시에 있었더라면 선지자들의 피를 흘리는데 참여하지 않았을 것이다'**라고 장담할 수 있겠는가.

  성도의 삶이 부활과 변화의 사상으로 철저히 실천되는 삶으로 녹아들어 살아가지 않는다면 현대교회도 표면적 이스라엘의 불순종과 배반의 역사를 반복하는 것임을 간과해서는 아니 될 것이다.

  성경은 철저히 이런 은혜, 은사적 삶의 가치보다 하나님 최종 계시신학에 목표를 두고 순종된 삶을 실천하는 것을 중요시한다. 하나님의 공의와 정의가 삶의 현장에서 철저히 실천되기를 원하신다. 하나님의 예언적 삶에 온전한 가치와 순종된 삶이 아니라면 은혜와 은사는 시간이 흐를수록 퇴색되는 인간 역사의 한계를 지닌다.

  이스라엘이 그랬던 것이다. 애굽에 내려진 열 가지 재앙의 표적을 보고도 바다를 만났을 때 그들은 두려워했다. 물론 물리적, 자연적 한계에 부딪혀 극복할 수 없는 현실에서의 찾아오는 두려움과 불안을 탓함은 아니다. 그러나 그들은 그 가운데 근본적 하나님이 주신 가나안 땅에 대한 소망을 잃은 것이 문제가 된 것이다. 광야에서 양식이 없을 때, 고기가 없을 때, 물이 없을 때, 가나안 땅을 정탐하고 보고할 때 그들은 하나님 약속을 잊어버리고 현실에서 육신으로 지향된 신앙으로 전락된 것이 하나님 앞에는 죄가 되는 것이다.

가나안에 대한 이스라엘을 향하신 하나님의 약속, 그리고 예수 그리스도를 통한 십자가 부활 역사는 계시신학의 결정체다. 이는 하나님이 인간을 구원하시기 위해 최후 인간구원의 상태로 부활체와 변화체, 곧 첫째 부활에 대한 약속의 말씀을 의미하기도 한다.

창세기에서 요한계시록에 이르기까지 철저히 하나님은 제사보다 순종이 낫다고 강조한다. 그리고 자기변화를 통한 부활과 변화의 신앙을 강조한다. 자기변화는 철저히 하나님 성품으로의 변화와 거듭남이다.

2천 년 전 예수 그리스도의 부활신앙은 오늘은 사는 현대 그리스도인들에게 맡은 바 사명 속에 어떤 모양의 부활신앙과 변화의 신앙을 요구하는지 성도 각인에게 끊임없는 질문이 될 것이다.

오늘을 살아가고 있는 그리스도인들은 마지막 인류의 역사를 그리스도 문화, 진리시대로 그 역사를 이어가는 교회시대 후반기 무대를 달려가고 있다. 성경 전체를 통해 하나님은 우리에게 어떤 부활의 신앙과 변화의 신앙을 근본적으로 요구하시는지 순교자들이 걸어갔던 그 정신으로 현대교회에 대한 영적 분별력을 가질 수 있도록 기준을 제시하고 교훈하고 있음을 잊지 말자.

교회에서 이 부활과 변화의 예언적 메시지가 사라지고 성도의 삶에서 실천되지 않는다면 '**하나님 성전에서 심판이 시작된다**'라는 말씀처럼 교회가 오히려 철저히 심판의 대상이 될 것임을 간과해서는 안 될 것이다. 이는 표면적 교회가 될 뿐 하나님이 인정하는 교회는 아니기 때문이다.

근본적으로 성경에서 수없이 언급된 은혜와 은사를 부정하지는 않는다. 그러나 계시신학 관점에서의 메시지가 배제된 상황에서의 은혜, 은사주의는 특히 영적 환난기에서는 극히 위험한 어둠의 세력이 교회의 영적 건강을 무너뜨리는 틈이 될 것이다.

> "거짓 그리스도들과 거짓 선지자들이 일어나 큰 표적과 기사를 보이어
> 할 수만 있으면 택하신 자들도 미혹하게 하리라" (마 24:24)

이들이 먼데 있는 것으로 착각하지 마라. 아주 가깝고 우리 옆에 있는 것이다. 진리의 말씀, 곧 예언의 말씀을 모르는 목회자 모두가 아무리 화려한 교회 모습을 이룬다 해도 이에서 벗어날 수 없다.

'**심판은 성전에서부터 시작된다**'라는 의미를 되새겨 보자. 교회에서부터 심판이 이루어질 때 한없이 육신의 만족을 주는 은혜만 바라는 육신주의 신앙으로 심판을 피할 수 있을까. 십자가의 부활 신앙, 상속받을 아들의 신앙으로 변화를 갖는 성숙한 믿음만이 이길 수 있는 것이다.

21세기 이후 새로운 천년시대 즉 진리시대를 여는 주류신앙은 부활신앙과 변화신앙이다. 기독교 문화가 거기에 이를 만큼 다다랐다. 과거 믿음의 증인들과 같이 부활을 소망한 순교의 진리신앙처럼 현대시대 산순교의 변화된 첫째 부활에 참여하는 진리신앙이 되어 새로운 천년시대의 문을 열어야 한다. 창세기를 출발하여 요한계시록 전체를 통하여….

"이 예언의 말씀을 읽는 자와 듣는 자와 그 가운데에 기록한 것을 지키는 자는 복이 있나니 때가 가까움이라"(계 1:3)

"성령과 신부가 말씀하시기를 오라 하시는도다 듣는 자도 오라 할 것이요 목마른 자도 올 것이요 또 원하는 자는 값없이 생명수를 받으라 하시더라 내가 이 두루마리의 예언의 말씀을 듣는 모든 사람에게 증언하노니 만일 누구든지 이것들 외에 더하면 하나님이 이 두루마리에 기록된 재앙들을 그에게 더하실 것이요 만일 누구든지 이 두루마리의 예언의 말씀에서 제하여 버리면 하나님이 이 두루마리에 기록된 생명나무와 및 거룩한 성에 참여함을 제하여 버리시리라 이것들을 증언하신 이가 이르시되 내가 진실로 속히 오리라 하시거늘 아멘 주 예수여 오시옵소서 주 예수의 은혜가 모든 자들에게 있을지어다 아멘"(계 22:17~21)

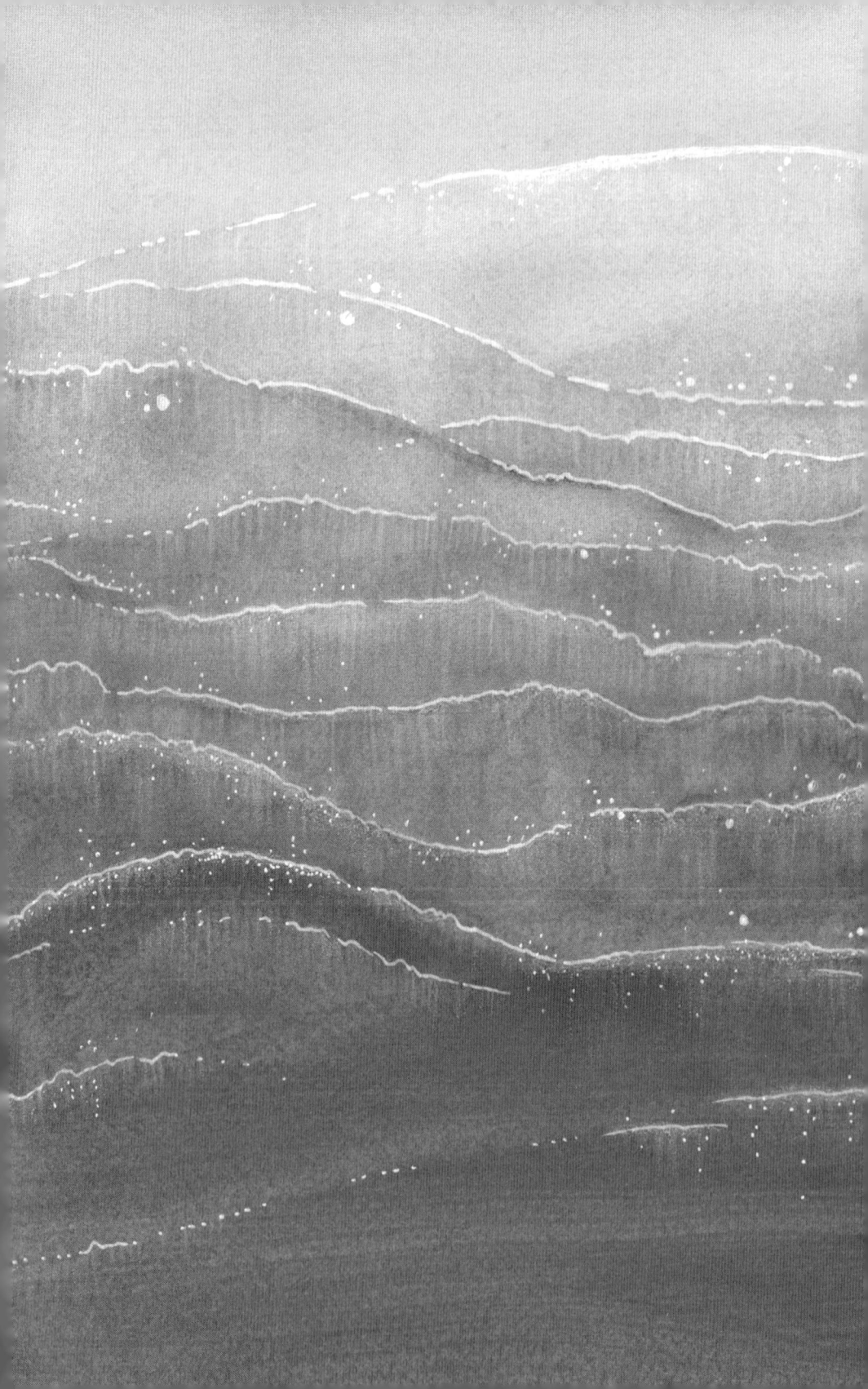

1부

성경개관

1. 인류 시원사를 포함한 창조신학을 바라보는 관점

실증사학적 측면에서 결론부터 말하자면 가장 어려운 학문 세계이다. 고고학 학자들마저 주장하는 차이가 있어 실증사학으로 고대 근동의 역사를 정론화하기는 현재까지의 성과로는 불가능에 가깝다.

성경 역사의 근원지라 할 수 있는 '고대 근동' 아니 '중동'이라는 용어조차 유럽관이냐, 아니냐 하며 갑론을박이다. 아브라함이 출발한 '우르'지역 하나를 놓고도 학자들의 주장이 그 발원지가 과연 어디인가 하며 이견을 보이는 현실만 보아도 알 수 있기 때문이다.

다행스러운 점은 그래도 '성경이 오히려 고대 근동의 역사를 전반적인 면에서 증명하고 뒷받침 한다'라는 학계의 공통된 의견이다. 이런 점은 '성경의 역사가 얼마나 가치 있고 위대한가'라는 점을 고고학자 그들 자신이 인정한다는 사실만 보아도 알 수 있다.

많은 학자들이 수십 년 상고대어를 연구하고, 발굴 작업을 토대로 이의를 주장할 수 없는 정론화에 근접하기에는 난관이 많았다. 지금까지 성경 고고학자들의 노력의 결과와 추후 지속될 그들의 예측되는 학문적 결과는 하나님의 창조역사와 인류의 시원사를 포함한 족장시대의 역사적 사실을 증명해 나감에 찬사를 보내기에 충분하다.

끝없이 발굴자료를 근거로 연구하여 정론화함에는 미래에도 쉽지 않은 과제임은 틀림없다. 그러한 한계가 있음을 모두가 자인하지 않을 수 없을 것이다. 신학 학문에서 고고학 접근은 매우 중요한 분야이다. 그렇지만 모든 그리스도인이 관심을 가지고 집중해야 하는 상황은 아닐 것이다. 그리고 이 점에 대해서 절대성을 갖기엔 한계가 있으며, 또 인간의 재능은 다양하다는 것이다.

이러한 학문적 분야에 관심과 연구 활동이 중요하고 제기되는 과제들이 학문적 분야에서 연구 활동을 통해 해결해야 할 과제인 것만은 분명하다. 그러나 그보다 더 중한 것은 창세기 전체에서 나타난 유일신 하나님의 존재와 창조의 의미에서 인간을 향한 하나님과의 관계성에서 본질을 찾고 구속의 섭리 원리라는 큰 틀을 우리는 놓쳐서는 안 된다는 점이다.

고고학으로 하나님의 시원사를 실증사학관을 가지고 접근해 나가고 증명해 가는 과정에는 공감한다. 그러나 실증사학관으로 시원사를 접근하는 것은 수 세기가 흘러도 쉽지 않은 과제요, 어쩌면 인간이 접근하기에는 불가능한 영역이라 할 수 있다.

고대어에 관심이 없는 바도 아니기에 이스라엘 역사를 고고학적 측면에서 할 수만 있다면 몰입하여 연구하는 과정에 인생을 집중하고픈 바도 없지 않다.

이 부분이 필자의 달란트일까 아니면 그 외에 달란트가 있는 것일까. 이 분야의 사역과 과제는 관심 있다 하여 누구나 다 할 수 있는 사역이 아님을 필자는 깨닫고 또 다른 사명자, 학자의 몫임을 인정하고, 필자는 필자대로 달란트가 무엇인지 깨닫고 싶을 뿐이다.

2. 하나님과 인간의 연결고리

하나님과 인간의 관계를 역사적 흐름에 연관하여 볼 때 몇 가지 시대적 단계를 적용하여 살펴볼 수 있다.

인간 창조의 목적은 무엇인가. 인간은 하나님의 형상으로 창조되었다. 하나님의 뜻과 형상으로 창조된 인간은 피조물로서 생육하고 번성할 것이며, 천지 만물을 다스려 나감이 인간 창조의 목적이다.

이런 근본적 목적은 인류가 타락하여 수십 세기 아니 수백 세기 그 이상 역사시대에까지 왔어도 지속되는 하나님의 구속 역사를 통해 새 하늘과 새 땅을 창조하는 역사로 회복됨에는 변하지 않을 것이다.

최초 인류의 변질은 에덴동산에서부터 시작됐다. 가인에게서 발견되는 제사의 변질, 노아의 홍수 심판을 통해 본 사람들의 죄악이 가득한 모습과 바벨탑 사건으로 본 하나님 권위에 대한 도전, 그리고 아브라함과 그의 증손 요셉 당대까지 이어진 족장시대를 통해 이어나간 역동적인 하나님의 부르심과 섭리에 대한 경외함과 순종, 반대로 불인정한 역사도 함께 보여주고 있다.

아담을 통해서는 하나님의 형상이라는 창조의 목적과 이 목적을 이루기 위한 생육함과 번성함으로 천지 만물을 다스려 나가는 데에 있어 인류 존재의 목적이 있는데, 인간은 에덴동산에서부터 이 본질 자체를 잃어버린 가운데 출발했다.

하나님 앞에 나아가는 경건함은 인류가 지향해야 할 근본적 삶의 가치이다. 그러나 초기 인류 역사의 주인공 중 하나였던 가인은 실패한다. 시대가 흘러

구습을 고집하다가 더 나은 제사로 하나님께 인정받은 아벨을 시기하여 그를 죽이는 최초 살인자로 성경에 등장하였던 것이다.

하나님은 에녹, 노아, 멜기세덱, 아브라함과 이삭, 이스라엘을 거쳐 요셉에 이르기까지 나타나심에 그 중심을 보면 '하나님과 동행한 자', '의인이요, 당대에 완전한 자라 그는 하나님과 동행하였으며…'라고 그들을 인정하셨던 것을 볼 수 있다.

의의 왕, 평강의 왕, 하나님의 아들과 닮아서 항상 제사장으로 있는 살렘 왕인 지극히 높으신 하나님의 제사장으로 있는 멜기세덱…(히브리서 7장)을 통해 인간은 하나님과의 관계에 있어서 그 본질적 존재의 의미가 무엇이며 추구해야 할 가치관이 무엇인지를 깨닫게 한다.

아브라함에겐 친히 음성으로, 환상으로, 마므레 상수리나무 아래에서 사람의 모습으로 나타나신 바 되기도 하였다. 특히 모리아 산에서 독자 이삭을 제물로 바치라는 하나님의 명령을 수행하는 온전한 경외함을 나타낼 때 하나님은 아브라함을 인정하시고 이에 순종하자 급히 그의 행동을 제어하시는 등 그 외 수없이 직접 말씀으로 그의 행적을 인도하셨다.

그리고 우리는 여기서 하나님의 인도하심 그대로 행하는 믿음을 보여 '이를 의로 여기셨다'라는 증거를 보인 아브라함을 통해서 인간과 하나님과의 관계에서 경외함에 본질을 배경으로 하는 '순종'이란 연결고리의 영적 의미를 발견할 수 있는 것이다.

이 순종과 경외함에 가치를 이루고 복을 차지하기 위해 야곱은 목숨을 다하기까지 주의 사자와 밤새 싸워 이기기까지 하여 '이스라엘'이란 이름을 부여 받았다. 하나님 나라는 약속을 잊지 않고 생명을 다하기까지 하며 침입하는 자의 몫임을 스스로 보여주고 실천했던 것이다.

　요셉은 하나님이 주신 자신의 삶의 꿈을 실현하는 과정에서 그를 향해 살인자 마음을 가졌던 형제들을 하나님의 경륜 속에 용서하는 보통의 인간이라면 도달할 수 없는 경지를 보여주었다. 하나님 형상의 인간이라면 근본적으로 추구해야 할 하나님의 신성과 형상, 성품을 대변하여야 하는데, 요셉을 포함한 모든 믿음의 증인들이 그러한 모습을 보여 주었다. 하나님 경외함에 따르는 순종, 이것이 하나님과 인간의 본질적 고리이다.

　요셉이 보여준 증인으로서의 삶은 마지막 교회시대 진리 성도가 추구해야 할 근본적 인격체를 의미한다. 그는 그가 겪은 환난 속에 꿈을 통해 하나님이 보여주신 예언적 상황과 성취과정으로서의 모두를 하나님의 인도하심으로 받아들여 순응하였고, 하나님을 경외하는 마음에서 이탈하지 않았다. 그리하여 그가 보여준 증인의 삶은 영적 이스라엘을 선도할 리더십을 후세 신앙인들에게 기준으로 제시해 주었고, 요셉의 그와 같은 삶이 하나님과의 연결 고리임을 성경은 증거하고 있는 것이다.

　같은 이스라엘의 아들이었던 형제들에게 미움받고 버려짐은 오늘날 교회 상황에서 어떤 의미를 우리에게 주는가. 왜 다른 형제들은 꿈을 꾸지 못했으며 꿈을 꾼 자, 곧 자신들의 형제인 요셉을 그리도 미워하고 죽이려는 육신적인 믿음의 한계를 벗지 못했을까. 이 의미는 오늘날 우리에게 또 어떤 모양으로 나타날 것인가.

　거룩한 곳 강단에 선 자 목회자들은 요셉의 형제들이 그를 미워하고 팔고

성경개관　29

죽이려 했던 그 이유를 현대교회에서는 어떻게 적용되는지 교인들이 받아들이기 어려워도 생명을 걸고 그 이유를 선포해야 할 것이다. 그리고 책망하고 지적해 나가는 것이 근본 파수꾼의 역할일 것이다. 이 역할을 감당하지 못한다면 파수꾼으로 영적 자격이 없는 것이다. 다니엘의 말한바 그들 자신이 멸망의 가증한 것으로 거룩한 곳을 차지하고 수많은 영혼들에게 적그리스도의 영을 전파하는데 자신들도 모르는 가운데 동화되어 갈 뿐이다.

예수 그리스도가 성육신하여 십자가를 통한 사망과 부활의 역사를 통해 인간과 하나님과의 제물이 되어 구원의 길을 제시하였던바 같은 하늘 아래 같은 하나님을 섬기는 유대인들은 왜 그를 십자가로 내몰았을까.
 영적 흉년과 영적 풍년의 기준은 어느 시대를 막론하고 하나님을 경외함에 대한 신앙이 순수하냐에 기준 할 것이다.
 바로의 꿈과 같이 오늘날 역시 영적 풍년과 흉년으로 재현될 때 현대교회도 요셉 같은 신앙적 삶을 이루는 자만이 진리 신앙의 기준 되어 예수 그리스도의 부활과 변화로 하나님과의 영원한 관계인 구원과제를 이룰 수 있음을 간과해서는 안 될 것이다.

하나님을 경외하는 진정 의로운 신앙은 하나님의 공의와 정의로 자신의 삶에서 변화와 부활되기까지 실천되는 과정을 통해 성취되어 갈 것이다. 그 길이 순교와 산 순교의 삶이 될지라도 하나님 형상을 회복하고 부활과 변화되는 삶만이 하나님과 연결될 수 있는 고리이다. 사무엘이 사울 왕에게 말한바 '순종이 제사보다 낫다'라는 말씀의 의미를 깊이 되새겨 보자.

3. 예언적 요소

사실 성경 전체가 예언이다. 인간의 범죄는 '심판'이란 예언을 성취하는 당위성을 갖게 한다. 하나님 경외함에서 벗어난 인간에게 생명나무의 길을 열어 줄 수는 없는 것이다. 구습에 매여 이 세대에 합당한 하나님의 뜻을 왜곡하는 모든 교권주의, 외식주의 행위는 영적인 측면에서도 시대적 점진성을 갖는다고 할 수 없으며, 시대가 전환될 때 반드시 영적 심판의 대상이 될 것이다. 결국 이 모든 영적으로 불의한 것을 심판하기 위해 성경 전체는 심판과 구원이란 예언적 특성을 갖는 것이다.

하나님을 향한 믿음의 관계에서 하나님의 말씀과 지시하심은 인간의 질서와 한계, 그리고 합리적 상식마저 그 우위에 있고 초월함을 갖는다. 인간의 한계에서도 하나님의 약속을 잃지 않는 경외함을 잊지 않았을 때 그들을 통해 하나님은 예언의 성취를 보여주셨다.

홍수 심판과 소돔과 고모라를 향한 심판은 인간의 자연과학적 상식의 한계마저 뛰어넘는다. 아브라함 백 세에 출생한 이삭, 그 후 물론 믿음을 보시기 위함이었지만 그런 이삭을 또 번제로 드리라 할 때 하나님이 우리에게 보여준 모습은 언제든 예언 성취 면에서는 인간의 상식마저 초월함을 볼 수 있다. 여리고성이 무너지고, 풀무불 속 다니엘의 세 친구와 그들과 동행한 천사, 사자 굴에서 나타나신 하나님 모습 등 성경은 수없는 사례에서 초월성을 보여준다.

아브라함의 훗날 그의 자손을 통한 예언의 성취, 야곱의 장자 축복권을 쟁취하려는 모든 그의 믿음의 행적, 요셉을 통하여서는 세계사 속에 이스라엘 민족을 선택하여 하나님의 이름을 알리시는 예언적 성취 속에 믿음의 증인들이 얼마나 위대한 믿음의 행적을 보였는지 후대에 그리스도인들을 감탄하지 않을 수 없게 한다.

하나님은 모든 예언을 믿음의 증인들에게 항상 계시하여 주셨다. 그리고 모든 예언은 하나하나 확증하여 나가시면서 증인들에겐 환난 속에서도 위로받게 하심으로 감당하게 하셨다.

노아 방주와 우르, 하란을 떠나 하나님의 지시함을 의지하여 가나안을 향하는 아브라함의 행적, 야곱의 아람 지역에서의 생활과 벧엘로 돌아오는 그 모든 과정이 이를 증명한다. 그리고 같은 믿음의 아들이었고 형제였음에도 요셉은 형제 그들의 시기로 미움을 받아 수만 리 이국에서 기약 없는 세월을 노예 생활로 시작해야만 했다. 요셉에게 보여준 하나님의 꿈과 요셉 인생에 대한 하나님의 계획하심이 그의 초기 인생을 애굽의 종으로 몰아갔던 것이다.

요셉을 향한 하나님의 계획은 애굽의 바로 왕을 통해 세계 질서의 변화과정 속에 이스라엘을 구원하시려는 하나님의 예언이었던 것이다. 그 깊은 하나님의 뜻을 사실 인간이 예언의 성취 전에는 깨닫기가 쉽지 않다. 요셉도 바로 왕의 꿈을 하나님이 해석하게 해주시기 전까지는 그 깊은 뜻을 깨닫지 못했다. 그 후 '아하 이는 결국 하나님께서 이스라엘 백성을 구원하시기 위함'으로 자신을 애굽으로 먼저 보냈다 한 사실이란 것을 깨닫게 된 것이다. 그리고 요셉이 환난 가운데서도 하나님을 향한 왜곡됨 없는 순수한 진리 신앙의 자세를 취할 때 결국에는 하나님의 이스라엘을 향한 구속적 예언을 완성해 나갈 수 있었던 것이다.

　요셉의 어떤 환경에서도 하나님 경외하길 변함없이 실천한 신실한 신앙을 통해 이스라엘을 결국 구원하는 역사를 전개시킨 것이다. 요셉의 그 신앙이 아니었다면 이스라엘 역사는 또 어찌 되었을까 생각하지 않을 수 없게 하는 부분인 것이다.

　하나님은 모든 믿음의 증인에게 소망을 주심으로 예언을 성취해 가는 과정 속에 위로를 주시고 인간이 감당할 수 없는 고난과 시련의 한계까지 초월하여 감당하게 하신다.

　야곱의 이름이 이스라엘로 변화한 것은 현대를 살아가는 그리스도인들에게 부활과 변화의 신앙적 의미를 보여주기에 충분하다. 이 사례는 주님 강림하실 때 첫째 부활에 참여하는 진리 성도의 신의 성품에 참여하는 변화체로 그 신학적 과제를 의미해 주는 데 충분하다.

　일곱 해 풍년과 흉년은 당시만의 문제가 아니라 현대교회가 성장한 만큼 영적 흉년은 반드시 세계 교회뿐만 아닌 세계교회사의 현주소인 한국교회에 임할 것이다.

　요셉을 시기한 자들 즉 육신 신앙의 요셉의 형제들은 하나님께서 진리 신앙의 모델이 되는 요셉을 선택하여 새로운 시대를 열었던 것과 반대로 하나님 섭리 역사에서 도태되고 부끄러움을 면치 못했다. 육신적인 신앙은 결코 하나님 나라를 확장함에 리더십을 발휘하지 못한다. 진리의 신앙만이 새로운 세계를 창조하고 개척해 나가는 것이다.

　진리신앙을 왜곡하는 영적으로 무기력해져 가는 육신, 기복, 교권주의 등은 교회시대 속에서 진리시대를 여는 하나님의 선택에서 벗어날 것이며 도태되고 역으로 심판의 대상이 될 것이다.

　창세기뿐만 아니라 성경 전체는 끊임없는 선택하심과 추려내심의 역사를 반복한다. 그러한 가운데 현대교회를 향한 하나님의 예언적 심판과 구원의 메시지를 던진다.

　가인과 아벨에서 아벨을, 사람의 죄가 관영할 때 노아 가정을 선택하심으로, 데라의 자손 중 아브라함과 롯, 이어진 가나안을 택한 아브라함을, 그의 종과 아들인 엘리에셀, 이스마엘과 이삭 중에 이삭을, 그리고 에서와 야곱 중에 야곱을, 이스라엘의 열두 아들 중 요셉을 통하여 이스라엘 민족을 구원하시고 선택하고 추려내시는 역사는 끊임없이 반복한다.

　이는 하나님 나라가 완성되는 그리스도의 강림하시기까지 심판과 예언의 말씀은 가톨릭에서 프로테스탄트 운동을 거쳐나온 오늘의 기독교 현대교회에서도 분명 영적인 신앙과 육신주의 신앙을 갈라 세우는 역사로 반복될 것이다. 영적 진리의 하나님께 속한 자만이 그 구원의 은총 첫째 부활 역사에 참여하는 영광을 받게 될 것이다.

　아무리 멸망의 가증한 것들이 거룩한 곳 강단을 차지하여 육신 신앙인 적그리스도의 영을 홍수같이 흘려낸다고 할지라도 남은 자, 곧 하나님의 말씀과 예수 그리스도의 증거를 가진 자들은 부활과 변화체 신앙으로 첫째 부활에 참여하는 믿음으로 구원받을 것이다.

　온 땅에 풍년이 임한 후 흉년이 임하는 것은 그리스도인들에게 있어서 진리의 신앙으로 열매 맺기 위한 당연히 건너야 할 신앙의 과정이다. 영적 홍해요, 광야요, 요단강이다. 하나님의 사랑이 식어져 가는 요셉의 형제들에게 찾아온 영적 흐름에서 진리로 승리한 요셉을 통한 영적 상황은 현대교회에서도 분명 재현될 것이다.

　양식만을 곶감 빼 먹듯 먹으려는 어리석은 신앙관인 육신적 신앙의 상징인 요셉의 형제들, 다들 신랑을 맞이하려고는 하였지만, 진리의 기름을 준비하지 못한 미련한 다섯 처녀는 부끄러움을 면치 못할 것이다. 요셉의 신앙고백을 인용해 본다.

> "당신들이 나를 이곳에 팔았으므로 근심하지 마소서 한탄하지 마소서 하나님이 생명을 구원하시려고 나를 당신들보다 먼저 보내셨나이다… 하나님이 큰 구원으로 당신들의 생명을 보존하고 당신들의 후손을 세상에 두시려고 나를 당신들보다 먼저 보내셨나니 그런즉 나를 이리로 보낸 이는 당신들이 아니요 하나님이시라…" (창 45:5~8)

　하나님 사랑과 형상의 경지를 보인 자, 하나님 예언을 성취하는 자 요셉이 이스라엘 민족을 구원하는 영광의 리더를 차지하였다. 마지막 때도 이와 같은 진리의 성도가 주님을 맞이하고 첫째 부활에 참여할 것이며 승리할 것이다. 그들이 주님 맞이할 기름을 잘 준비한 슬기로운 다섯 처녀이다. 요셉의 형제들은 부끄러운 구원이 아닌가.

　첫째 부활에 참여하는 부활체와 변화체 신앙 앞에 육신주의 부끄러운 모습으로 겨우 생존의 역사를 이어간 요셉 형제들의 신앙이 오늘날에도 과연 유효할까 싶다.

4. 천지창조를 통해 본 새 하늘과 새 땅 창조의 원리

"태초에 하나님이 천지를 창조하시니라 땅이 혼돈하고 공허하며 흑암이 깊음 위에 있고 하나님의 신은 수면위에 운행하시니라" (창 1:1~2)

문자 그대로 인간의 시각으로 보는 땅의 혼돈과 공허함이요, 흑암의 깊음이요 수면 위에 하나님의 신이 운행하심일까. 깊은 의미를 가져보자. 분명한 것은 이 시점은 하나님의 창조의 첫 시간으로 우리 인간의 현재 시각적 개념으로 적용하기는 어렵다는 것이다. 곤란한 명제의 의미와 반론들이 많다. 그리고 현재 우리가 보는 땅과 흑암과 수면으로 인식함도 무리가 있을 수 있다.

창조의 시간도 인간이 인식하는 현재의 시간개념으로 재단할 수는 없는 것이다. 이는 인간이 창조되기 전에 하나님만의 시간이다. 인간으로서는 결코 알 수 없는 시간 세계이다. 천지창조의 하나님의 시간을 인간이 어찌 24시간 개념으로 적용할 수 있겠는가.

세대주의적 성경해석의 딜레마에 대부분 빠져있는 한국교회는 과학계에서 제시하는바 상고대의 시간마저 논리적 근거로 반박조차 못하고 무조건적 현대시간적 의미로만 적용한다. 세대주의 입장은 우주와 인류의 역사를 인간의 시간적 의미인 6일간 창조 시간과 6천 년 인류 역사로 단정하여 문자적 성경해석의 접근을 하고 있다.

모세 5경의 저자인 모세의 기록을 통해 성경을 접근하는 우리는 천지창조 후 그가 생존했던 시간까지만 보더라도 역사의 기록으로 접근하기에는 무리가 있다는 것을 이해할 수 있는데, 위와 같은 세대주의의 문자 해석 접근에는 한계가 있음을 공감하지 않을 수 없다.

6일 창조의 인식은 하나님이 천지만물을 창조하신 후 하나님의 창조물을 바라본 인간의 시간적 개념에서의 인식과 적용이지 인간 창조 이전의 시간적 개념까지 현재 인간이 인식하는 시간적 개념으로 동일하게 적용하기에는 문제가 있다는 점이다.

그렇다고 근본적인 하나님의 창조성을 왜곡함은 분명 아니다. 다만 인간세계 이전의 하나님의 시간까지 인간의 현재 시간개념으로 단정하고 정론화할 수는 없다는 것이 분명한 필자의 견해이다. 이는 '하나님만의 절대적 시간이지 결코 인간이 단정할 시간개념은 아니다'라는 사실이다.

필자는 창세기 1장에 언급된 하나님의 천지창조 시간의 인식에서 세대주의적 관점과의 논쟁은 백해무익한 것으로 여겨지는바 하나님 주권에 속한 것까지 인간의 미사여구로 언급하여 포장하고 싶지도 않으며 언급할 수도 없다는 견해이다.

처음 하늘과 땅이 혼돈되었던 바, 이것도 지금 우리가 보는 하늘과 땅, 흑암과 수면으로 보기에는 무리가 있다. 어떠한 힘, 즉 하나님 말씀이라는 힘의 작용으로 말미암아 지금 우리가 사는 공간세계와 땅으로 창조된 것으로 정리하고자 한다.

인류 역사 전체가 그러하였지만, 현재 우리가 사는 이 세상도 영적인 시각으로 보면 영과 육이 혼돈되어 있음을 직감한다. 세상의 머리인 교회마저 영적인 신앙과 육적인 신앙이 뒤섞여 있다. 혼돈되어 있다. 진리와 비진리의 영적 싸움이 공존하고 있다는 것이다.

아브라함 이후 이스라엘 역사에서 볼 수 있듯이 하나님은 하나님의 약속의 말씀을 온전하게 믿고 경외하며 순종하는 자를 계속해서 추려내시고 그들을 통해 새로운 역사를 이어가셨다. 아브라함의 자손이라 하더라도 불순종하고 육에 속한 자, 원망하는 육신주의 신앙인들은 모두 하나님 진노와 심판의 대상이었다.

현대교회는 교회 마당만 밟아도 구원일까. 교회 역사시대에서도 불의한 자와 의의 백성을 분명히 가르시고 심판하신다. 마지막 영적 환난기에 진리의 신앙으로 나오지 못하고 육신주의 신앙인들은 심판의 대상이 된다. 반대로 하나님의 택한 백성 진리 성도들에게는 구원과 새 하늘 새 땅, 곧 새 예루살렘성인 천년시대와 영생을 기업으로 주시는 것, 이것이 교회시대를 경주하는 우리 앞에 놓인 새 창조의 과업이다.

하나님은 이 역사를 위해 구름에 싸인 허다한 증인들을 통해 교훈하셨다. 그리고 친히 독생하시기까지 하셔서 진리의 영이 무엇인지 친히 보이시고 혹암을 가르는 새 창조 부활의 모습을 보이셨다. 율법/은혜/은사주의 신앙으로 기독교 역사를 왜곡하지 말라. 성경에서 진리의 영을 깨닫지 못하는 모든 신앙인들은 육적인 신앙이요, 단연코 비진리 신앙이다.

"하나님의 집에서 심판을 시작할 때가 되었나니…"(벧전 4:17~)

예수 그리스도의 재림 역사는 영과 육이 혼돈되어 있는 교회 역사와 이 세상을 심판하시고 하나님의 아들들이 다스리는 진리 세계를 새롭게 창조하는 것이다.

예수 그리스도의 재림 즉 첫째 부활 역사에 참여할 자는 부활의 신앙과 진리의 변화체 신앙만이 참여한다. 소나 개나 다 참여하는 것이 아니다. 첫째 부활에 참여하는 자는 하나님의 인 맞은 자만이 참여할 수 있다. 부활과 변화의 신앙은 순교와 산 순교의 신앙이며, 이것이 진리 믿음이요, 영적인 신앙인 것이다.

성경에는 욕심에 이끌려 육신의 영을 따라간 자가 있고 하나님의 약속만을 믿고 의지하며 죽기까지 영적인 신앙만을 지킨 자들이 있다. 누가 새역사를 창조하고 개척해 나갔던가. 들을 귀 있는 자는 들어 깨달을지어다. 진리의 말씀에 둔감한 육신의 영을 따르는 자들은 이 세상이 혼돈된 상태와 그리고 혼돈된 세상을 하나님이 진리의 말씀으로 새롭게 창조하신다는 것을 전혀 알지도 못하고 이해하지도 못한다.

'사람의 미혹을 받지 않도록 주의할지라'

누가 이스라엘을 미혹하여 그릇된 길로 가게 하였고, 교회시대에서 종교개혁 이후 암울한 세계 식민 역사와 왜곡된 기독교 역사의 연장선이 되게 하였는가. 바로 제사장과 바리새인들이요, 종교개혁을 부정한 천주교를 포함한 오늘날 기독교에 이르기까지 종교지도자들이 그리하였고 그 중심에 있었던 것이다.

종교개혁 이후 로마 교황청이 당시 서구 열강들을 부추겨 아프리카와 남북미 아메리카 동서남아시아 일대를 향해 식민지 쟁탈전과 자원 탈취와 인권유린의 불행한 세계사의 서막을 연 것을 우리는 분명히 아는 바이다.

지금의 기독교 현실은 또 어떠할까. 인간에게 향한 하나님의 진실한 뜻을 찾아냄이 오늘을 사는 신앙인의 과제일 것이다.

흑암을 가르는 역사의 기준이 되는 신앙인의 삶으로 나아가자. 창세기 1장 1~2절 말씀은 이와 같은 영적인 의미에서 해석의 의미를 갖게 한다.

'지금이 마지막 때라'고는 말하지만, 진리 없는 신앙인들은 아주 캄캄하다. 마지막 때라 함은 하나님께서 다시 새롭게 창조할 때가 가까웠으니 마지막 때라 한 것이다. 비진리 신앙인들은 그런데 무엇이 캄캄하고 마지막 때인지도 모르고 남이 마지막 때라 하니 기준도 모른 채 그저 마지막 때라 한다. 그리고 많은 사람이 가는 넓은 길로 따라갈 뿐이다.

마지막 때라 함은, 다시 창조할 때가 되니 세상이 혼돈된 상태를 보이는 것이요, 새 시대를 열기에 앞서 기존 시대가 막을 내리니 마지막 때라 하는 것이다. 육적인 신앙인들은 진리의 영이 없으므로 영과 육을 따르는 믿음이 무엇인지도 모르고, 빛과 어두움을, 의와 불의가 무엇인지 혼돈되어 있기에 영 분별의 시각도 없을 뿐 아니라 갈 바를 알지 못하여 넓은 길로 그저 아무 생각 없이 행동할 뿐이다.

교회에 나간다고 하여도, 예수 그리스도를 믿는다고 하면서도 그에게 진리의 영이 없으면 그는 여전히 혼돈된 상태이며 믿음 있는 자는 아니다. 즉 입으로는 시인하나 행위로는 부인하는 자이다.

교회시대의 결말은 하나님의 형상으로 새롭게 창조되는 역사를 이루어 혼돈과 공허함의 깊은 흑암을 가르는 새 하늘과 새 땅을 창조하는 역사이다. 하나님의 아들들, 즉 모든 피조물이 고대하는바 하나님의 아들들로 나타나는 것이 예수 그리스도의 재림 역사이며 교회시대의 열매이다.

"하나님의 신은 수면에 운행하시니라"

영이신 하나님이 물리적 환경인 수면 위에 운행하시는 것으로 해석하는 접근 자세보다는 영적인 접근이 필요하다고 생각한다.

성경에서의 물은 영적인 의미로 말씀을 상징한다. 영이신 하나님이 말씀 가운데 운행하신다는 것이다. 공허하고 깊은 흑암 가운데 그때 하나님은 말씀 위에 운행하시며 말씀으로 창조의 역사를 주관하신다는 것이다.

물은 그 당시 통속적 믿음의 세계를 대변하기도 한다. 하나님의 말씀은 수면 위에 운행하시고 창조역사를 통해 분별하고 가르시는 것이다. 오늘날 교회의 혼돈된 상황 역시 하나님이 진리의 말씀, 생명의 말씀을 통해 첫째 부활에 참여하는 인 맞은 자들을 통해 새로운 세계를 창조해 나가시는 것이다.

물에는 흙탕물도 있다. 홍수가 일어날 때 물밀듯 넘치는 황토물은 생명을 죽이는 물이다. 오늘날 교회 가운데 진리의 영 없는 말씀, 영적 흙탕물이 얼마나 넘쳐나는가. 홍수처럼 흘러넘친다. 귀 있는 자는 깨달을지어다.

혼돈된 세계에 있으면 거기에서는 하나님의 진리의 영을 분별할 수 없으므로 하나님의 진리의 영을 받을 수 없다. 인간은 본래 하나님의 형상으로 지음 받은 영물이기에 하나님의 영을 받아들일 수 있는 존재이다. 그러나 육신의 욕심에 이끌려 사는 육신 신앙은 사람이어도 짐승과 다를 바 없기에 하나님의 영을 받아들이지 못하는 것이다.

진리의 영이 없는 육신주의 교회에서 어떻게 영적인 진리 성도, 하나님의 아들들이 나올 수 있는가. 멸망의 가증한 것들이 거룩한 곳 강단을 차지하여 적그리스도의 영을 홍수처럼 뿜어 대는데 어찌 그 흙탕물 속에서 호흡할 수 있고 살 수 있겠는가.

우리가 인간적으로 생각하면 어쨌든 교회가 아니냐 하면서 생각을 하고 세속적으로 믿어도 된다고 하겠지만 하나님의 구속과 창조의 원칙은 창세기에서부터 예언서, 역사서, 복음서, 편지서, 계시록을 전부 살펴보더라도 환난에 빠지지 않고 구원받는 문제는 항상 그렇게 간단하지가 않았다.

하나님이 인간에게 인심을 써서 구원이라는 것을 베풀어 주시는 것이 아니다. 하나님이 인심을 쓰기 위해서 우리에게 믿음을 주고, 독생자를 보내신 것이 아니다. 선지자를 보내시고 증인들을 세우시고, 사도들을 택하시고, 친히 독생하심은 하나님의 위대한 새 창조를 하시려고 친히 나타나시고 그 모두를 통해 증거하신 것이다.

하나님의 약속과 생명의 말씀에 오직 순종하고 충성의 모습인 순교와 산 순교의 열매를 얻기 위해 나아간 자만이 첫째 부활 곧 주님 강림하실 때 새 창조역사 대열에 참여하여 진리세계의 상속자가 되는 것이다. 말씀을 분별하여 생명수 샘물을 통해 미혹 당하지 않도록 주의하는 영적인 안목을 가져야 할 것이다.

"하나님이 가라사대 빛이 있으라 하시매 빛이 있었고 그 빛이 하나님의 보시기에 좋았더라 하나님이 빛과 어두움을 나누사 빛을 낮이라 칭하시고 어두움을 밤이라 칭하시니라 저녁이 되며 아침이 되니 이는 첫째 날이니라" (창 1:3~5)

이 역시 문자적 해석의미에 영적 의미를 부여하고자 한다.

하나님께서 빛과 어두움을 나누셨다. 이 빛과 어두움은 마음의 빛과 어두움의 영적 의미이다.

하나님의 말씀을 중심으로 빛 된 삶을 사는 자는 변화되고 부활의 신앙으로 새로운 창조의 삶을 살아가는 것이다. 그러나 하나님의 말씀을 무시하는 육신주의 신앙은 끝내 어두움의 삶이 되고 변화되지 못한 삶이 된다.

이 말씀은 자연적인 낮과 밤만이 아닌 심령적인 낮과 밤을 의미하기도 한다. 곧 혼돈된 것을 진리와 비진리로, 낮과 밤으로 가르시는 것 또한 오늘은 살아가는 신앙인들에게 선택되게 할 과제이다. 어둠에 속한 밤 같은 신앙인이 될 것인가, 아니면 낮에 속한 진리의 신앙이 될 것인가.

"하나님이 가라사대 물 가운데 궁창이 있어 물과 물로 나뉘게 하리라 하시고 하나님이 궁창을 만드사 궁창 아래의 물과 궁창 위의 물로 나뉘게 하시매 그대로 되니라 하나님이 궁창을 하늘이라 칭하시니라 저녁이 되며 아침이 되니 이는 둘째 날이니라" (창 1:5~8)

궁창 위에 물과 궁창 아래의 물로 나누셨다고 하였다. 이는 영적인 물과 육적인 물을 의미하기도 한다. 물은 말씀을 상징한다. 곧 설교도 포함된다. 그러므로 이는 문자적으로는 세상 자연 속에 흐르는 물도 되겠지만, 영적으로는 영적인 설교와 육적인 설교로 나누어짐을 의미하기도 한다.

사도 베드로와 유다는 육적인 설교를 하는 자들에 대하여 다음과 같이 지적하였다. "저들은 불의의 삯을 사랑하는 자요, 물 없는 샘이요, 광풍에 밀려가는 안개요, 너희 애찬의 암초요, 자기 몸만 기르는 목자요, 바람에 불려가는 물 없는 구름이요, 죽고 또 죽어 뿌리까지 뽑힌 열매 없는 가을 나무라" 하였다.

주가 친히 하신 말씀의 의미를 되새겨 보자.

"화 있을진저 외식하는 서기관들과 바리새인들이여 너희는 교인 한 사람을 얻기 위하여 바다와 육지를 두루 다니다가 생기면 너희보다 배나 더 지옥 자식이 되게 하는도다"(마 23:15)

"하나님이 가라사대 천하의 물이 한 곳으로 모이고 뭍이 드러나라 하시매 그대로 되니라 하나님이 뭍을 땅이라 칭하시고 모인 물을 바다라 칭하시니라 하나님이 보시기에 좋았더라 하나님이 가라사대 땅은 풀과 씨 맺는 채소와 각기 종류대로 씨 가진 열매 맺는 과목을 내라 하시매 그대로 되어 땅이 풀과 각기 종류대로 씨 맺는 채소와 각기 종류대로 씨 가진 열매 맺는 나무를 내니 하나님의 보시기에 좋았더라 저녁이 되며 아침이 되니 이는 셋째 날이니라"(창 1:9~13)

역시 영적인 바다와 땅을 의미하기도 한다. 영적인 바다는 또 다른 의미로 율법이며, 율법 교회를 가리킨다. 영적인 땅은 은혜를 의미한다. 바다와 땅 모두 교회를 상징한다 할 수 있다.
땅이 풀 가진 씨, 씨 맺는 풀, 채소 등 각기 종류대로 열매 맺는 과목과 나무를 낸다 하였는데 이 모두는 다 은혜의 열매인 것이다.

"하나님이 가라사대 하늘의 궁창에 광명이 있어 주야를 나뉘게 하라 또 그 광명으로 하여 징조와 사시와 일자와 연한이 이루라 또 그 광명이 하늘의 궁창에 있어 땅에 비취라 하시니 그대로 되니라 하나님이 두 큰 광명을 만드사 큰 광명으로 낮을 주관하게 하시고 작은 광명으로 밤을 주관하게 하시며 또 별들을 만드시고 하나님이 그것들을 하늘의 궁창에 두어 땅에 비취게 하시며 주야를 주관하게 하시며 빛과 어두움을 나뉘게 하시니라 하나님의 보시기에 좋았더라 저녁이 되며 아침이 되니 이는 넷째 날이니라" (창 1:14~19)

신학자들은 하나님의 천지창조 시간개념을 적어도 이 부분에 대한 해석 입장에서 넷째 날까지의 시간적 개념은 앞서 언급했듯이, 인간이 생각하는 시간적 개념으로 재단할 수 없다고 한다.

해와 달, 별이 이루기 전이기 때문이다. 넷째 날까지의 창조 시간의 길이는 현재 시간적 개념으로 정론화하기는 무리가 된다는 것이다. 시간의 길이를 가지고 신학자들과 세대주의자들이 끝도 없이 갑론을박하는 것은 초등학문적 신앙 수준에 불과함을 피력하고 싶다.

위 본문에서 하늘의 궁창에 광명이 있어, 즉 혼란속에 광명이 있어 낮과 밤을 나누게 하고 그 광명으로 징조와 사시와 일자와 연한을 이룬다 하였다. 다른 표현으로 한다면 징조, 사시, 일자, 연한을 이루는 데에는 광명이 필요한 것이다. 절기를 이루고, 징조를 이루는 것은 다 영적인 절기와 징조로 영적인 문제로도 해석된다.

하나님이 두 큰 광명을 만드시고 큰 광명으로 낮을 주관하게 하시고 작은 광명으로는 밤을 주관하게 하셨다 한다.

전체적으로 큰 광명은 진리 성도, 순교자를 의미한다. 작은 광명은 은혜시대 일반성도라는 의미를 부여하고자 한다. 하나님은 모든 일을 하실 때는 영적인 원리를 가지고 하신다. 성경 전체적으로 하나님의 일을 하는 사람들을 자세히 살펴보면 큰 광명을 가지고 일을 하였던 것을 볼 수 있다. 광명이 무엇인가. 영적으로 사람들을 통해 나타나는 빛을 의미하기도 한다. 영적으로 크게 쓰임을 받는 자이다.

하나님은 두 큰 광명을 통해 징조와 사시, 일자와 연한을 이룬다고 하였다. 그리고 두 큰 광명으로 일하신다. 지나친 해석의 비유가 될까. 그러나 의미는 분명 둘 수 있다. 예를 들어 모세와 아론을 통한 이스라엘 백성의 출애굽 역사, 여호수아와 갈렙이 가나안땅을 쳐들어갈 때 두 큰 광명의 역할을 한 것처럼, 또한 요한계시록에 언급된 두 증인의 사역이 시대적 하나님의 재창조의 역사에서 두 큰 광명이 되는 것이다.

이 문제는 우리가 간단하게 생각할지는 모르지만, 하나님의 일을 인간 세상에서 인간이 받아서 '하나님처럼 한다'라는 것은 큰일인 것이다. 그런 점을 고려한다면 마지막 때 두 증인은 참으로 큰일을 하는 광명 같은 존재가 되는 것임에 틀림없는 의미를 두고자 한다.

"하나님이 가라사대 물들은 생물로 번성케 하라 땅 위 하늘의 궁창에는 새가 날으라 하시고 하나님이 큰 물고기와 물에서 번성하여 움직이는 모든 생물을 그 종류대로, 날개 있는 모든 새를 그 종류대로 창조하시니 하나님의 보시기에 좋았더라 하나님이 그들에게 복을 주어 가라사대 생육하고 번성하여 여러 바닷물에 충만하라 새들도 땅에 번성하라 하시니라 저녁이 되며 아침이 되니 이는 다섯째 날이니라" (창 1:20~23)

궁창에 새는 날아다니는 것이고, 바닷속 물고기는 헤엄치며, 땅 위에 기는 것은 짐승이다. 새와 같은 신자, 물고기 같은 신자, 또한 짐승 같은 신자들까지 창조한 의미의 영적 의미를 두고자 한다.

"하나님이 가라사대 땅은 생물을 그 종류대로 내되 육축과 기는 것과 땅의 짐승을 종류대로 내라 하시니 그대로 되니라 하나님이 땅의 짐승을 그 종류대로 육축을 그 종류대로 땅에 기는 모든 것을 그 종류대로 만드시니 하나님의 보시기에 좋았더라 하나님이 가라사대 우리의 형상을 따라 우리의 모양대로 만들고 그로 바다의 고기와 공중의 새와 육축과 온 땅과 땅에 기는 모든 것을 다스리게 하자 하시고 하나님이 자기 형상 곧 하나님의 형상대로 사람을 창조하시되 남자와 여자를 창조하시고 하나님이 그들에게 복을 주시며 그들에게 이르시되 생육하고 번성하여 땅에 충만하라 땅을 정복하라 바다의 고기와 공중에 새와 땅에 움직이는 모든 생물을 다스리라 하시니라 하나님이 가라사대 내가 온 지면의 씨 맺는 모든 채소와 씨 가진 열매 맺는 모든 나무를 너희에게 주노니 너희 식물이 되리라 또 땅의 모든 짐승과 공중의 모든 새와 생명이 있어 땅에 기는 모든 것에게는 내가 모든 풀을 식물로 주노라 하시니 그대로 되니라 하나님이 그 지으신 모든 것을 보시니 보시기에 심히 좋았더라 저녁이 되며 아침이 되니 이는 여섯째 날이니라"(창 1:24~31)

하나님께서는 여섯째 날에 가서 사람을 창조하셨는데, 먼저는 짐승부터 만들고 그다음 사람을 만드셨다. 짐승부터 만들고 그다음 사람을 만드셨다. 이는 짐승부터 만들고 사람을 지으시는 순서를 볼 때 마지막 때도 역시 짐승의 세력이 나오고 그런 다음 사람, 즉 진리 성도가 나오는 것을 미루어 짐작할 수 있다.

하나님이 사람을 만드실 때에는 하나님의 형상 그대로 창조하셨다. 먼저는 육신으로 만드시고 그 육신에 하나님의 영, 형상을 입히신 것이다.

하나님은 영이신데 영이신 하나님께서 이 세상에 나타나실 때 어떻게 나타나시냐 하면 바로 사람의 형상으로 나타나시는 것이다. 예수 그리스도가 바로 하나님이 사람의 형상으로 나타난 모습이다. 그렇다면 하나님이 사람의 형상에서 다시 돌아간다면 그것은 영체가 되는 것이다. 영은 형상에 대해서 어떻게 어떻게 생겼다고 말할 수 없다.

하나님은 영이신데 어떻게 생겼는가. 하나님이 이 세상에 나타나실 때는 사람의 형상으로 나타나시는 것이다. 첫째 열매는 예수 그리스도로 나타나시고, 둘째 열매는 인 맞은 진리 성도로 나타나시는 것이다. 이 역사가 예수 그리스도의 재림시, 곧 첫째 부활에 참예하는 부활체와 변화체이다.

인 맞은 진리 성도란 곧 부활성도가 될 순교성도와 교회시대 마지막 때 영적인 진리신앙으로 하나님의 말씀과 예수 그리스도의 증거로 인하여 모든 육신주의 신앙을 극복하고 승리하는 하나님의 성품을 이루는 변화체 진리 성도이다.

이들이 그리스도 재림 시에 먼저 된 부활성도와 함께 홀연히 변화함으로 첫째 부활에 참여하여 진리시대인 새 하늘과 새 땅, 천년시대를 여는 것이다. 그들이 이 땅 위에 하나님의 장막을 펼치실 영광의 대상이 되어 그리스도와 더불어 천년 동안 왕 노릇 하는 것이다.

그리고 첫째 부활에 참여하는 자, 진리 성도인 부활과 변화성도에게는 심판의 권세까지 부여하여 그들로 하여금 하나님을 대적한 무리들을 모두 심판하는 것이다. 그리고 천년시대 끝에서 이루어질 백 보좌 심판 후에 영원한 하나님의 나라를 이루는 것이다.

　사람이 육신주의 신앙을 초월하여 진리성령의 인도하심을 받을 때 그가 하나님의 형상으로 지어져 가는 것이다. 그리고 주님 재림하실 때 부활과 변화 성도로 첫째 부활에 참여하게 되는 것이고, 하나님의 장막을 그런 부활과 변화체 성도에게 펼치시는 것이다.

　하나님이 육체로 나타난다고 하는 것은 사람의 형상으로 나타난다는 것이다. 하나님은 영이신데 영체는 쉽게 인간의 언어로 표현하기 어렵다. 에스겔, 다니엘 선지자와 특히 사도 요한은 네 생물과 일곱 영과 24장로, 두루도는 화염검, 그룹의 형상으로 하나님 보좌 주위와 모습을 표현하였다.

　첫째 부활에 참여하는 진리 신앙이 아니고는 볼 수도 없을 뿐 아니라 깨닫지도 못한다. 하나님의 보좌를 둘러선 일곱 영은 진리, 거룩, 은혜, 생명, 영원, 약속, 영광의 영 특성을 지닌다. 일곱 영 이를 가리켜 하나님의 영, 진리의 영이라 하는 것이다.

　그러므로 진리의 영을 충만히 받는다는 것은 하나님의 일곱 영으로 인도되는 자이며, 일곱 영이 제각기 다르게 받는 것은 아니다. 진리의 영이 충만하면 그 속에는 일곱 가지 영이 다 포함되어 있다.

　하나님은 땅 위에도 하나님의 능력을 따라서 육축과 기는 벌레까지 다 충만하게 하였고, 바닷속에도 물고기가 제일 큰 고래부터 작은 것까지도 가득하게 하셨다. 하나님은 이와 같이 짐승과 생물 등 모든 것을 다 창조하시고 사람이 살 수 있도록 만들어 놓으신 것이다.

　그리고는 사람이 하나님의 형상으로 만물을 다스리기를 원하셨는데 첫째 아담은 죄를 지어 실패하였다. 그러나 둘째 아담 예수 그리스도를 통하여 첫째 부활역사로 본을 보여주셨다. 그리고 재림역사에서 부활과 변화의 역사로 새롭게 하나님의 형상을 지닌 아들을 통해 새 하늘과 새 땅, 즉 진리의 세계를 연다는 것을 우리에게 약속해 주신 것이다.

오늘날 우리가 진리 성도라 한다면 하나님 나라의 의를 위하여 열심을 내야 할 것이다. 만약 하나님 나라의 의를 구하는 실천하는 삶이 아니면 도태당하고 육신주의 신앙으로 전락되어 하나님의 심판과 진노의 대상이 될 뿐이다. 자신을 위해서 힘쓰는 삶이 아닌 하나님 나라와 영광을 위해서 힘써야 한다.

꿀을 가지고 오지 못한 벌을 문지기 벌이 목을 잘라 죽이는 예가 있다. 슬기로운 다섯 처녀와 같이 꺼지지 않는 등불을 준비해야 한다. 꺼져가는 등불만 준비한 미련한 다섯 처녀처럼, 그리고 혼인 잔치에 초대된 자가 예복을 입지 않았을 때 그들에게는 심판이 뒤따랐던 것을 잊지 말자. 임금에 의하여 어둠에 내어던져져서 슬피 우는 혼인 잔치에 예복을 준비하지 못한 상황에 떨어지지 않도록 깨어 근신해야 할 것이다. 어떠한 십자가의 고난의 상황이라도 예수 그리스도가 이루셨던 하나님의 형상을 우리 몸에 이루기 위하여 힘써야 하는 것이다.

"여호와 하나님이 흙으로 사람을 지으시고 생기를 그 코에 불어넣으시니 사람이 생령이 된지라"(창 2:7)

생기를 불어넣으니 생령이 되었다. 흙으로 만들어진 사람이 하나님의 생기가 들어오면 생령이 된다. 생령은 어떠한 모습인가. 성경에서는 에스겔 선지자와 사도 요한이 네 생물에 대하여 표현하였다(겔 1, 10장 / 계 4장). 네 생물은 결론적으로 하나님의 보좌를 둘러선 모습이며, 하나님을 상징하기도 하고 보좌 자체를 가리키기도 한다.

성경은 또한 생명의 부활, 즉 첫째 부활에 참여한 부활성도와 변화성도가 생령이 됨을 분명히 증거하고 있다(고전 15장). 하나님 보좌의 주위는 생명의 말씀으로 생기가 들어간 첫째 부활에 변화되고 부활하는 자들의 몫이다.

첫째 부활에 참여하는 부활체와 변화체는 영원한 생명의 실체이기에 생령이 되는 것이다. 예수 그리스도의 부활하심과 같이 하나님의 생기가 들어감으로 부활이 되고, 살아 진리 가운데 하나님의 인 맞는 자는 첫째 부활에 변화되어 생령이 되는 것이다.

그렇다면 하나님의 생기는 무엇인가. 그것은 바로 진리의 영, 진리의 말씀이다. 결국 믿음의 사람이 생령이 되려면 맏아들 예수 그리스도를 진리가운데 믿어야 한다. 진리의 말씀, 진리의 영으로 어린양이 인도하는 곳이라면 어디든지 따라가는 믿음이 되어야 한다. 새 하늘과 새 땅, 즉 진리세계가 새롭게 창조될 때 온전한 아들이 되기 위해서는 진리의 영이 임해야 하는 것이다.

5. 인간 역사에 유유히 흐르는 생명의 강

"강이 에덴에서 발원하여 동산을 적시고 거기서부터 갈라져 네 근원이 되었으니 첫째의 이름은 비손이라 금이 있는 하윌라 온 땅에 둘렀으며 그 땅의 금은 정금이요 그곳에는 베델리엄과 호마노도 있으며 둘째 강의 이름은 기혼이라 구스 온 땅에 둘렀고 셋째 강의 이름은 힛데겔이라 앗수르 동편으로 흐르며 넷째 강은 유브라데더라 여호와 하나님이 그 사람을 이끌어 에덴 동산에 두사 그것을 다스리며 지키게 하시고 여호와 하나님이 그 사람에게 명하여 가라사대 동산 각종 나무의 실과는 네가 임의로 먹되 선악을 알게 하는 나무의 실과는 먹지 말라 네가 먹는 날에는 정녕 죽으리라 하시니라" (창 2:10~17)

위 본문에는 강이 네 개 등장한다. 이는 모두 영적인 강으로 이해해야 한다. 동산에서 발원하여 에덴동산을 돌며 한 바퀴 적시고 흘러내려 가는데 그것이 바로 비손강이다. 비손강에서 갈라져 기혼강, 힛데겔강, 유브라데강으로 네 강이 나오는데, 이 모두가 영적인 강이다. 영적인 강이라고 하면 하나님과 교통하는 강이다. 즉 하나님과 교통하는 교회요, 하나님과 교통하는 예배인 것이다.

첫째 강의 이름은 비손강이다. 비손강은 에덴에서 발원하여 동산을 적시고 그리한 후 계속해서 흘러내려 가는 강인데 영적인 강으로서의 의미를 둔다면 하나님과 교통하는 주류를 이루는 강이다. 어느 시대를 막론하고 진리의 주류 역할을 하는 교회의 예배를 상징한다. 이 강이 생명의 강이 된다. 우리가 영적으로 교통할 근본적인 강이 되는 것이다. 우리가 드려야 할 근본적인 예배의 강이다. 이 강이 흐르고 흘러 어디로 가냐 하면 바로 기혼강, 힛데겔강, 유브라데강을 거쳐 또 에덴으로 다시 돌아 흘러간다. 생명강은 에덴에서 흘러나와 에덴으로 가는 것이 생명강이다.

두 번째 생명강의 이름은 기혼강이다. 이 강은 하나님과의 언약관계의 강을 의미한다. 성경에 보면 아벨도 하나님 앞에 제사를 드렸고, 노아도 하나님께 제사하였다. 즉 이들이 하나님 앞에 제사를 드릴 수 있었던 것은 하나님과의 언약 관계이기에 제사를 드린 것이다. '네가 이렇게 제사하면 내가 기뻐하리라' 하나님과의 언약에 의하여 예배를 드린 것이다.

언약은 하나님과의 관계에 있어서 인간이 하나님 앞에 나아갈 수 있는 유일한 조건이며 이것이 예배요, 구약시대 모세 이전까지 이어져 온 제사다.

기혼강은 역사적으로 의미를 더한다면, 모세까지 이어져 내려오는 예배의 강을 의미한다. 에덴동산에서 모세까지 하나님의 백성에게 언약에 기초하여 하나님과 교통하였던 예배의 강이라는 의미이다.

세 번째 강은 힛데겔강이다. 시대적으로는 시내산으로부터 출발한 모세 즉 율법시대라 할 수 있는 구약시대인 예수 그리스도까지의 시기를 의미한다. 율법시대로서 이 시대에는 율법의 언약으로 인간은 하나님과 교통하였던 것이다.

마지막 네 번째 강은 유브라데강이다. 이 강은 예수 그리스도 이후 은혜시대, 교회시대, 복음시대, 성령시대라 할 수 있는 예수 그리스도의 재림 시기까지 흐르는 영적인 강을 의미한다.

"여섯째 천사가 나팔을 불매 내가 들으니 하나님 앞 금단 네 뿔에서 한 음성이 나서 나팔 가진 여섯째 천사에게 말하기를 큰 강 유브라데에 결박한 네 천사를 놓아주라 하매 네 천사가 놓였으니 그들은 그 년 월 일 시에 이르러 사람 삼분의 일을 죽이기로 예비한 자들이더라"(계 9:13~15)

위 말씀에 보면 유브라데강, 곧 교회시대라고 하는 생명의 강가에 묶어 놓았던 네 천사를 심판 때가 이르니 놓아서 하나님의 인맞지 아니한 자를 해하는 천사의 사건이 시작되는 것이다. 교회시대 마지막 때 영적 환난기 중 여섯째 나팔 즉 마병대 환난기에 진리로 영적 출애굽을 하지 못한 육신 교권주의 신자들에게 이 네 천사로 하여금 화가 임하는 것이다. 유브라데강인 교회시대 후반에 일어나는 영적 환난의 실상이다.

"이 일 후에 내가 네 천사가 땅 네 모퉁이에 선 것을 보니 땅의 사방의 바람을 붙잡아 바람으로 하여금 땅에나 바다에나 각 종 나무에 불지 못하게 하더라 또 보매 다른 천사가 살아계신 하나님의 인을 가지고 해 돋는 데로부터 올라와서 땅과 바다를 해롭게 할 권세를 얻은 네 천사를 향하여 큰 소리로 외쳐 가로되 우리가 우리 하나님의 종들의 이마에 인 치기까지 땅이나 바다나 나무나 해하지 말라 하더라 내가 인맞은 자의 수를 들으니 이스라엘 자손의 각 지파 중에서 인 맞은 자들이 십사만

사천이니"(계 7:1~4)

위 본문에서 언급된, 즉 인맞지 아니한 자 해할 권세를 얻은 네 천사가 바로 유브라데강 시대에 해당된다. 유브라데강 시대 곧 교회시대 동안 붙잡혀 있다가 마지막 환난기 즉 교회시대 마지막 때에 놓여 진리로 나오지 못하는 육신주의 신앙인들에게 마병대의 화로서 거짓 선지자, 적그리스도의 영으로 해하게 하는 것이다. 교회시대 마지막 때에 육신신앙은 이 화를 피할 수 없다.

세대주의자들은 문자 위주의 해석 관점에서 못 벗어나 이스라엘을 육적 이스라엘로 해석한다. 세대주의 입장은 위 본문이 교회와 무관한 것으로 여기지만 교회시대 이스라엘은 분명 전 세계교회를 포함한 하나님을 믿는 모든 신자들을 가리킨다.

창세기에 언급된 유브라데강은 바로 교회시대와 이와 같이 연결이 되는 생명강의 모습이다.

지금까지 성경에 나오는 네 강을 성경학자들은 형식적으로 지리상에 위치한 강으로만 여기고 주장해 왔다. 그러나 이 강들은 지리적인 강의 의미가 아닌 영적인 강임을 분명하게 의미한다 할 수 있다.

영적인 강으로 해석함이 우리에게 무슨 필요가 있냐고 생각할 수도 있겠지만 영적인 강은 하나님과 예배에 있어 언약적 관계이기에 그 의미는 매우 절대적이다.

앞서 언급했듯이 첫 번째 강인 비손강은 주류를 이루는 강으로 이 강물은 에덴동산에서부터 계속 흐르며 하나님과 교통하는 영적 예배의 강이다. 하나님과 교통하는 영적인 예배는 생명강이요, 진리의 강이다. 우리는 유브라데강 시대에 태어났는데 유브라데강은 마지막 강인 것을 위 성경 말씀으로 확인할 수 있다.

유브라데강은 또 그 끝이 기손강에 닿아 연결된다. 이유는 이 시기에 진리로 믿는 자들은 예수 그리스도 재림 시에 첫째 부활에 참여하는 자가 되기 때문이다. 교회시대, 즉 은혜, 성령 시대에서도 왜곡됨 없는 은혜와 성령의 충만함으로 믿음 생활한 자들은 자동적으로 비손강으로 연결되게 되어 있다. 생명의 강, 비손강, 진리의 강으로 연결이 된다는 것이다.

그렇지만 육신적인 목적을 가지고 믿음 생활하는 자들은 기혼강 시대, 힛데겔강 시대, 유브라데강 수준에서만 그대로 머물러 있지 진리의 신앙으로 승화되지 못하고, 비손강으로 연결되지 못하며 첫째 부활에도 참여하지 못하고 하나님의 진노와 심판의 대상이 될 뿐이다.

율법적인 강에서 생명강으로 연결되지 못하면 육신적으로 끝나는 것이다. 그들에게는 생명의 강이 흐르지 않기에 진리의 강인 다시 에덴으로 연결되는 비손강에 닿을 수는 없는 것이다.

세상 교회에서는 육신, 율법주의 믿음을 가지고도 자꾸 구원받을 수 있다고 하지만 그것은 인간의 자기 주장하는 소리에 불과하다. 그 믿음으로는 구원 역사에 도달하지 못한다. 율법은 육신의 법이다. 짐승보다 나은 사람이 되라고 한 그것이 율법이다.

이제는 짐승처럼 살지 말고 짐승보다 나은 사람이 되라고 한 그것이 곧 율법이다. 사람 구실을 제대로 하라고 주신 것이 율법이었다. 사람도 율법이 나오기 전에는 짐승처럼 살았던 사람이 많았었다. 그런데 그때에는 짐승처럼 살았어도 하나님이 그것에 벌을 줄 수 없었다. 왜냐하면 법이 없었기 때문이다. 그렇기 때문에 하나님은 이스라엘 민족을 택하시고 모세를 통하여 율법으로 언약 관계를 주신 것이다.

그 후에는 이스라엘 민족이 율법을 범하게 되면 하나님의 백성에서 끊쳐지고 심판당하는 것이다. 인간이 에덴동산에서 쫓겨난 이후 지금까지 진리 믿음의 강인 비손강은 계속 흐른다. 시대마다 언약의 강, 율법의 강, 은혜의 강으로 나누이는 것이지 이 시대에도 진리의 강은 흐르는 것이다. 다만 언약, 율법, 은혜시대에서의 기손강은 진리의 시대인 보편적인 시대가 아니기 때문에 특별한 경우에만 진리의 강으로 연결되는 것이다.

성경에 등장하는 하나님에게 특별히 택함받은 자, 선지자 등이 이에 해당된다. 인간의 입장이 아닌 하나님 보시기에 순교자요 선지자들이다. 이들은 하나님을 기쁘시게 함에 있어서 자신의 육신 생명을 아끼지 아니하고 최선을 다한 자들로 그들이 언약, 율법, 은혜시대에서도 진리의 믿음이었기 때문에 비손강인 진리의 강, 생명의 강에 연결될 수 있는 것이다.

비손강에 연결된 자들은 모두 첫째 부활에 참여할 자들이다. 아벨, 에녹, 노아, 아브라함, 야곱, 요셉, 모세, 여호수아, 사무엘, 다윗, 엘리야, 엘리사, 이사야, 예레미야, 에스겔, 다니엘 등등 12사도, 사도 바울과 세례 요한, 스데반 집사 등 등이 예가 될 수 있겠다.

하나님 앞에 진리의 믿음으로 최선을 다한 예배의 삶은 율법시대에서도, 은혜시대에서도 진리의 강인 비손강에 연결된다. 인간이 최선을 다하는 것 그 마지막은 순교이다. 우리가 이렇게까지 나아가는 자세와 믿음이 될 때 비손강 생명의 강에 연결되는 것이다.

'잠깐 율법을 지키면 되겠지 뭐'하는 신앙은 소용이 없다. '아! 사람이 사람 구실을 제대로 하려면 하나님을 기쁘시게 해야겠구나'하면서 충성을 다하고 열심히 믿고 최선을 다할 때 그가 비손강에 이르는 것이다.

어느 시대를 막론하고 하나님을 기쁘시게 하려고 최선을 다해 힘쓰면 다 기쁘시게 할 수 있고, 그 시대에 통용되는 예배를 통해서 예배할 때 하나님께 그 진실한 심령이 감찰되어 하나님 보시기에 이는 진리의 믿음이라고 인정되면 그는 비손강으로 나아가게 되는 것이다.

그러나 그와 같은 사람은 어느 시대에나 드물었다. 지금도 드물다. 유브라데강 시대에 하나님을 기쁘시게 하기 위해 믿는 자들은 다 인을 맞는다. 하나님께서 이제는 전체적으로 생명을 주시고 누구든지 아무라도 하나님을 기쁘시게 하고 아들이 되고 싶은 사람은 다 되라고 문을 열어 놓으셨다. 즉 복음시대, 이방인시대, 성령시대를 개방한 것이다.

"시온의 딸아 크게 기뻐할지어다 예루살렘의 딸아 즐거이 부를지어다 보라 네 왕이 네게 임하리니 그는 공의로우며 구원을 베풀며 겸손하여서 나귀를 타나니 나귀의 작은 것 곧 나귀 새끼니라 내가 에브라임의 병거와 예루살렘의 말을 끊겠고 전쟁하는 활도 끊으리니 그가 이방 사람에게 화평을 전할 것이요 그의 정권은 바다에서 바다까지 이르고 유브라데 강에서 땅 끝까지 이르리라" (슥 9:9~10)

현재 마지막 강인 유브라데강인 교회시대 끝부분에 이르렀다. 그러므로 이 시대에 하나님을 진정으로 기쁘시게 하는 진리의 믿음이 있는 자는 모두 생명강에 들어간다. 진리의 영을 받으면 진리의 사람이 되는데 그전에는 왜 진리의 영을 찔끔 주어서 극소수의 택한 자만이 비손강에 연결되게 하셨는가. 이렇게 말할 수도 있겠지만 진리의 강은 다시 말하지만 에덴에서부터 흘러 다시 에덴까지 주류를 이루고 있는 강이다. 사람이 제 욕심대로 살았기 때문에 연결되지 못한 것이지 보편적인 언약, 율법, 은혜시대에서도 항상 하나님을 기쁘시게 하면 그는 어느 시대라도 생명강에 도달할 수 있는 것이다.

 성경에서, 기독교 역사에서 우리는 순교한 자들을 본다. 다시 말하지만 그들은 진리의 믿음으로 보편적 그 시대의 강을 초월하여 비손강에 들어간 것으로 여길 수 있다. 순교도 진리의 영을 받아야 할 수 있는 것이다. 진리의 영을 받지 못하면 순교를 감당하기 어렵다. 아니 못한다. 그 순교할 수 있는 영이 진리의 영이다.
 마지막 교회 환난시대에는 특히 하나님의 군대와 사탄의 군대가 정면으로 싸우는 때이다. 황충의 화, 마병대의 화 이 모두는 육신교권주의 교회세력이며, 거짓 선지자, 적그리스도의 영으로 물든 음녀의 가증한 것들이다. 이 영적 어둠의 세력들과 싸우는 것이다. 이 영적 싸움에 이기는 길은 순교 및 산 순교의 진리 믿음뿐이다.
 이 시대 하나님은 우리에게 순교의 믿음인 진리의 믿음을 요구하신다. 오늘날에 예수 믿는다 하여 육신의 생명을 죽이는 시대는 아니다. 지금은 산 순교 즉 주님 재림 시에 살아서 첫째 부활에 참여하는 진리의 믿음인 변화체 믿음을 요구하는 시대이다.
 사람의 성품이 하나님의 형상을 회복하는 변화체의 산 순교자의 진리믿음만으로 우리가 나아갈 때 그가 비손강인 생명의 강에 연결되는 것이다.

6. 벌거벗은 교회의 실체와 구원의 길이란

"아담이 모든 육축과 공중의 새와 들의 모든 짐승에게 이름을 주니라 아담이 돕는 배필이 없으므로 여호와 하나님이 아담을 깊이 잠들게 하시니 잠들매 그가 그 갈빗대 하나를 취하고 살로 대신 채우시고 여호와 하나님이 아담에게서 취하신 그 갈빗대로 여자를 만드시고 그를 아담에게로 이끌어 오시니 아담이 가로되 이는 내 뼈 중의 뼈요 살 중의 살이라 이것을 남자에게서 취하였은즉 여자라 칭하리라 하니라 이러므로 남자가 부모를 떠나 그 아내와 연합하여 둘이 한 몸을 이룰지로다 아담과 그 아내 두 사람이 벌거벗었으나 부끄러워 아니하니라"(창 2:20~25)

"벌거벗었으나 부끄러워 아니했다" 함은 옷을 벌거벗어서 부끄러운 것도 있지만 이것은 하나님 앞에 부끄러운 것이 없다는 뜻이다. 벌거벗은 것은 성경에서 믿음이 없는 것을 의미한다. 성도에게는 믿음이 옷이 된다.

처음에 아담과 하와 그들에게는 우리가 인식하는 믿음이 없었지만 부끄러워하지 않았다. 그 이유는 자연 그대로 꾸밈없고, 자연 그대로였기 때문이다. 하나님 앞에서 죄라는 것을 알아야 부끄러움을 아는 것이지 처음에 그들은 죄라는 것을 몰랐다.

하나님이 아담을 창조하시고, 그의 배필을 위해 아담에게서 갈빗대를 뽑아 여자를 만드시고 한 몸을 이루게 하셨다. 갈빗대를 뽑아 하와를 만드셨다 함은 주님이 십자가에 못 박혀 옆구리를 찔리시고 그렇게 함으로 교회가 생겼다는 영적인 의미이기도 하다. 즉 주님이 십자가에서 찔리심으로 그 피의 공로를 인하여 교회가 이루어졌다는 의미이다. 여자는 교회를 상징한다.

"여호와 하나님의 지으신 들짐승 중에 뱀이 가장 간교하더라 뱀이 여자에게 물어 가로되 하나님이 참으로 너희더러 동산 모든 나무의 실과를 먹지 말라 하시더냐 여자가 뱀에게 말하되 동산 나무의 실과를 우리가 먹을 수 있으나 동산 중앙에 있는 나무의 실과는 하나님의 말씀에 너희는 먹지도 말고 만지지도 말라 너희가 죽을까 하노라 하셨느니라 뱀이 여자에게 이르되 너희가 결코 죽지 아니하리라 너희가 그것을 먹는 날에는 너희 눈이 밝아져 하나님과 같이 되어 선악을 알 줄을 하나님이 아심이니라 여자가 그 나무를 본 즉 먹음직도 하고 보암직도 하고 지혜롭게 할 만큼 탐스럽기도 한 나무인지라 여자가 그 실과를 따먹고 자기와 함께한 남편에게도 주매 그도 먹은지라 이에 그들의 눈이 밝아 자기들의 몸이 벗은 줄을 알고 무화과나무 잎을 엮어 치마를 하였더라"(창 3:1~7)

'먹음직도 하고 보암직도 하고 지혜롭게 할 만큼 탐스럽기도 하고'라는 것은 율법을 말한다. 이 모습은 뱀 교역자를 가리킨다. 뱀 선지자 즉 입속에 독이 있는 선지자이다. 독사와 같은 선지자요, 간교한 선지자요, 배를 위해 사는 배로 다니는 선지자이다.

하나님의 진리의 종들은 '절대로 선악과는 따 먹지 말라. 너희들이 따 먹는 날에는 정녕 죽으리라' 이와 같이 설교한다. 그런데 영의 세계에 캄캄한, 눈먼 소경 된 육신주의 교역자가 와서는 "선악과 따 먹어도 죽지 않는다. 따 먹어라. 죽는다는 것은 거짓말이다. 죽긴 왜 죽냐. 절대 안 죽는다. 너희의 눈이 하나님처럼 지혜로워질까 봐 따 먹지 못하게 하는 것이다. 그러니 염려하지 말고 따 먹어라. 절대로 죽지 않는다. 술도 상관없다. 담배도 피워도 된다. 술과 담배가 신앙과 무슨 상관이지. 괜찮아요. 집사, 권사, 장로 임직 하는데 절대적이라고는 할 수 없으니 괜찮아요." 심지어 일부는 제사도 괜찮다고 주장하는 목회자도 필자는 목격했다.

70~90년대 특히 세상 교회가 이와 같은 식이었다. 율법 설교를 하니 뱀과 같은 소리와 마찬가지이다. 그리고 당시 교회가 누구의 말을 더 잘 들었는가. 자기 담임교역자의 말을 잘 들어야 하는데 흔히 부흥사들의 말을 더 잘 듣는 시대였다. 한국교회 그때 영적으로 대부분 뱀의 설교와 교역자들의 의해 영적으로 너무 많이 기울어 지금에 이르렀고, 진리로 회복하기 쉽지 않은 상황까지 내몰리고 있는 실정이다.

당시 부흥사 쳐 놓고 욕심부리지 않는 부흥사는 거의 없었다. 사실 6.25 전쟁 이후 60년대까지만 하여도 부흥사들 중에는 다 같지는 않았겠지만 그래도 좋은 일을 한 경우가 많았다. 일본의 침략으로 식민지와 해방 후 어느 일정 시기까진 한국교회에 부흥사들이 영향을 끼친 것은 지대하였다.

그러나 은혜 성령의 역사가 왜곡되어 걷히기 시작하면서부터, 곧 은혜 성령 역사가 걷히는 영적 징조를 보인 후 한국교회는 지금 대부분 육신/율법주의 교회로 전락했다. 70년대 접어들면서 본격적으로 진리 없는 부흥사들에 의해 한국교회 영적무장이 거의 와해되었다 해도 과언이 아니다. 이처럼 한국교회가 영적으로 무기력한 상황에 빠지는데 부흥사들이 영향을 끼친 것은 부인할 수 없다.

60년 중후반부터 70년대 접어들면서 본격적으로 한국교회의 특이한 현상 중 하나는 부흥사들의 왕성한 활동이었다. 그런데 부흥사들이 초기 부흥사들의 영적인 참신성에서 벗어나 몹쓸 짓의 설교를 하며 이 교회 저 교회 한국교회를 영적 대혼란에 몰아넣게 하는 흐름을 제공한 것이다.

왜 그들이 몹쓸 짓을 하였다고 보는가 하면 그들의 중심 설교는 '육신 잘 돼라'며 선악과 따 먹는 율법 설교를 하기 때문이다. 그리고 교묘히 설교를 통해 신도들로 하여금 헌금을 심지어 과하게 바치게도 하는 날강도 같은 짓을 하였던 것이다.

전에 부흥사들은 그래도 순수하게 은사 받게 하는 역할을 많이 했다. 그러나 60년대 후반서부터 일부 나타나기 시작된 그들의 활동은 70~80년대 넘어오면서 육신주의 율법주의 설교로 아주 직선적이고 노골적이었다. 이들의 결과로 그즈음 한국의 교회가 대형화되기 시작한 영적 흐름도 간과할 수 없는 사실이다. 그리고 이런 현상은 무의식중에 신도들에게 마치 하나님으로부터 큰 축복을 받은 이적의 기준으로까지 여겨지게 되기도 하였던 것이다.

아담과 하와가 하나님 앞에 하지 말라는 선악과를 따 먹고 부끄러우니까 무화과나무 잎으로 치마를 만들어 몸을 둘렀다. 부끄럽기 때문에 몸을 가린 것이다. 왜 부끄러운 마음이 일어났는가. 전에는 부끄러움이 없었는데 지금 부끄러운 이유는 무엇일까. 전에는 죄가 없으니 부끄러운 것을 몰랐다. 그런데 따 먹지 말라 하는 선악과를 따 먹으니 죄가 되어 부끄러웠던 것이다.

이 행동이 에덴에서의 죄지은 아담과 하와의 행동이고, 오늘날 진리 없는 교회의 행동이다. 무화과나무 잎으로 몸의 부끄러움을 가릴 수는 없다. 윤리·도덕 등 율법으로 우리 영혼의 부끄러움을 가릴 수는 없다.

하나님께서는 그들의 몸을 가리운 무화과 나뭇잎을 치워 버리시고는 가죽 옷을 입히셨다. 그런데 또 이 사건을 통해 오늘날 하나님 구원의 섭리하심에 깊은 뜻이 있음을 깨닫게 된다. '가죽 옷을 입히셨다'는 것은 양을 잡아서 양 가죽으로 옷을 만들어 입히셨다는 것인데, 여기에 벌써 하나님의 인간에 대한 구원의 의도가 계시되어 있음을 알게 된다.

양을 잡아서 드리는 믿음, 대속의 제사, 결국 양은 어린양을 상징하는 것으로 양가죽의 옷을 입힘은 예수 그리스도에 의한 대속의 제물, 구세주 사역이 이미 암시되어 있음을 영적으로 깨달을 수 있는 것이다.

"여호와 하나님이 가라사대 보라 이 사람이 선악을 아는 일에 우리 중 하나같이 되었으니 그가 그 손을 들어 생명나무 실과도 따 먹고 영생할까 하노라 하시고 여호와 하나님이 에덴동산에서 그 사람을 내어 보내어 그의 근본된 토지를 갈게 하시니라 이같이 하나님이 그 사람을 쫓아내시고 에덴동산 동편에 그룹들과 두루 도는 화염검을 두어 생명나무의 길을 지키게 하시니라"(창 3:22~23)

하나님께 죄 범한 이들을 그대로 에덴동산에 두었다가는 생명나무의 실과도 따 먹고 영생하게 되니 쫓아낸 것이다. 죄 범한 상태에서 영생하면 영벌 상태에 놓인다. 이는 하나님의 부끄러움이 되기도 한다. 무엇보다도 사람이 영원히 영벌 상태에 놓이니 그 고통 또한 사람에게도 부끄러움이 되는 것이다.

그러므로 하나님이 이들을 쫓아내시고 화염검으로 생명나무의 길을 지키게 한 것이다. 화염검과 그룹 천사들로 지키게 하신 것이다. 화염검은 불 칼이다. 화염검을 제거하면 생명과일이 나타나 먹을 수 있는 것이다. 그러므로 인간은 그룹 천사들과 그리고 화염검과 싸워 이겨야 한다. 생명나무에 나아가려면, 그 과실을 얻으려면 두루 도는 화염검과 그룹의 천사들과 싸워 승리해야 하는 것이다.

 야곱의 얍복강 앞에서 밤이 맞도록 주의 천사와 씨름한 것처럼 순교자들의 신앙 따라 영적인 믿음의 선한 싸움을 하여야 한다. 이 이기는 길이 바로 진리의 믿음이며, 진리의 믿음은 부활과 변화의 믿음인 것이다.

7. 하나님의 나라를 이루는 의인의 피

"아담이 그 아내 하와와 동침하매 하와가 잉태하여 가인을 낳고 이르되 내가 여호와로 말미암아 득남하였다 하니라 그가 또 가인의 아우 아벨을 낳았는데 아벨은 양 치는 자이었고 가인은 농사하는 자이었더라 세월이 지난 후에 가인은 땅의 소산으로 제물을 삼아 여호와께 드렸고 아벨은 자기도 양의 첫 새끼와 그 기름으로 드렸더니 여호와께서 아벨과 그 제물은 열납하셨으나 가인과 그 제물은 열납하지 아니하신지라 가인이 심히 분하여 안색이 변하니 여호와께서 가인에게 이르시되 네가 분하여 함은 어찜이며 안색이 변함은 어찜이뇨 네가 선을 행하면 어찌 낯을 들지 못하겠느냐 선을 행치 아니하면 죄가 문에 엎드리니라 죄의 소원은 네게 있으나 너는 죄를 다스릴지니라 가인이 그 아우 아벨에게 고하니라 그 후 그들이 들에 있을 때에 가인이 그 아우 아벨을 쳐 죽이니라"(창 4:1~8)

가인이 하나님께 제사를 드렸고, 아벨도 하나님께 제사를 드렸다. 그들은 오늘도 제사를 드리고 내일도 제사를 드리고, 무구한 세월에 걸쳐서 제사를 드렸다. 가인은 물론 농사를 지으니 땅의 소산을 가지고 제사를 드렸고, 아벨은 양을 키우는 자이므로 양의 첫 새끼를 잡아서 제사를 드렸다. 그런데 하나님께서는 양의 첫 새끼를 잡아서 드린 아벨의 제사는 받으시고 가인의 제사는 받지 않으셨다. 이렇게 되니 가인의 얼굴이 붉으락푸르락 달아오른 것이며, 가인은 이 일로 아벨뿐만 아니라 더 나아가 하나님께 대해 원망했고, 아벨을 시기하게 되었다.

'아니 왜 그러셔. 아벨의 제사는 받고 왜 나의 제사는 안 받지. 제사면 다 같은 제사인데 왜 아벨의 제사만 받는 것이지. 하나님도 너무 불공평하다.' 이렇게 불평과 원망을 하며 시기하다가 그만 아벨을 들에 있을 때 쳐 죽인 것이다.

몇백 년 몇천 년이 흘렀다. 쳐 죽여 놓고도 가인과 율법주의자, 세상 교회는 자기는 모르는 체하고 과거처럼 똑같이 지금도 행동한다. 그러나 의인의 피는 호소를 하게 되어 있다. 아벨의 피가, 선지자들의 피가, 예수님의 피가, 사도들의 피가, 진리 성도들의 피가 하나님께 호소한다.

"다섯째 인을 떼실 때에 내가 보니 하나님의 말씀과 저희의 가진 증거를 인하여 죽임을 당한 영혼들이 제단 아래 있어 큰 소리로 불러 가로되 거룩하고 참되신 대 주재여 땅에 거하는 자들을 심판하여 우리 피를 신원하여 주지 아니하시기를 어느 때까지 하시려나이까 하니 각각 저희에게 흰 두루마기를 주시며 가라사대 아직 잠시 동안 쉬되 저희 동무 종들과 형제들도 자기처럼 죽임을 받아 그 수가 차기까지 하라 하시더라" (계 6:9~11)

하나님이 "가인아! 바리새인들아! 세상 육신, 교권주의 교회들아! 아벨이 어디 있느냐. 예수가 어디 있느냐. 진리 성도들은 어디 있느냐. 사울아 사울아! 네가 어찌하여 나를 핍박하느냐." 가인은 자기가 동생을 죽여 놓고도 모른다 하였다. 유대 율법주의자들도, 오늘날 세상 육신, 교권주의자들의 교회들도 마찬가지이다. 이런 모습이 오히려 하나님 앞에 열심을 내는 것이라고 주장한다.

"창세 이후로 흘린 모든 선자자의 피를 이 세대가 담당하되 곧 아벨의 피로부터 제단과 성전 사이에서 죽임을 당한 사가랴의 피까지 하리라 내가 너희에게 이르노니 과연 이 세대가 담당하리라 화 있을찐저 너희 율법사여 너희가 지식의 열쇠를 가져가고 너희도 들어가지 않고 또 들어가고자 하는 자도 막았느니라 하시니라" (눅 11:50~52)

"내가 들으니 물을 차지한 천사가 가로되 전에도 계셨고 시방도 계신 거룩하신 이여 이렇게 심판하시니 의로우시도다 저희가 성도들과 선지자들의 피를 흘렸으므로 저희로 피를 마시게 하신 것이 합당하니이다 하더라 또 내가 들으니 제단이 말하기를 그러하다 주 하나님 곧 전능하신이시여 심판하시는 것이 참되시고 의로우시도다 하더라" (계 16:5~7)

의인은 그 피를 흘릴 때 어떻게 호소하였을까. '주여 형에게 그 죄를 돌리지 마옵소서. 저는 몰라서 한 것이니 형의 죄를 용서하소서' 이와 같이 호소하였다.
 주님이 십자가 죽음 앞에 죄를 알지도 못하고 선동에 이끌려 주를 모함하는 자들을 용서함 같이 그런 기도가 의인의 호소함이다. 스데반 집사가 순교하는 순간 기도함이 의인의 호소이다. 요셉이 자기를 애굽에 종으로 판 형제들을 용서함이 의인의 호소함이다.

"요셉이 형들에게 이르되 내게로 가까이 오소서 그들이 가까이 가니 가로되 나는 당신들의 아우 요셉이니 당신들이 애굽에 판 자라 당신들이 나를 이곳에 팔았으므로 근심하지 마소서 한탄하지 마소서 하나님이 생명을 구원하시려고 나를 당신들 앞서 보내셨나이다 이 땅에 이 년 동

안 흉년이 들었으나 아직 오 년은 기경도 못하고 추수도 못할지라"(창 45:4~6)

"이에 예수께서 가라사대 아버지여 저희를 사하여 주옵소서 자기의 하는 것을 알지 못함이니이다 하시더라…"(눅 23:34)

"저희가 돌로 스데반을 치니 스데반이 부르짖어 가로되 주 예수여 내 영혼을 받으시옵소서 하고 무릎을 꿇고 크게 불러 가로되 주여 이 죄를 저들에게 돌리지 마옵소서 이 말을 하고 자니라"(행 7:59~60)

 의인의 죽음은 아벨이나 진리 성도들이나 똑같은 것이다. 의인의 피라는 것은 이와 같이 기도할 때 그 피가 하나님께 상달되는 것이다. '하나님 억울합니다. 박살이 나게 해 주세요'라고 기도하는 마음은 의인의 기도가 못 된다.
 예수 그리스도의 피가 그렇게 호소했으니까 우리가 용서받을 수 있는 것이다. 요셉이 그렇게 기도했으니까 그의 형제들이 용서받을 수 있는 것이다. 스데반이 그렇게 기도했으니 교회시대가 열리게 된 것이다. 진리 성도들이 그렇게 기도하니 진리의 세계도 주님 첫째 부활과 함께 열리는 것이다.
 하나님께서는 아벨의 피의 호소를 듣고 지금 책망하시고 있다. "네가 동생을 죽이지 않았느냐. 네가 때려서 죽여 놓고는 왜 모른다 하느냐. 얼굴 좀 들어 보아라. 어찌 악한 짓을 하고도 모르는 체하느냐."
 우리는 하나님 앞에 진실해야 한다. 의인의 호소 그대로 '그들은 진리를 모르기 때문에 그렇게 행동하는데 그러니 주여 저들을 용서하소서'라는 이 기도가 하나님 앞에는 진실한 기도가 되기 때문에 우리는 항상 이와 같은 심령의 기도 자세를 지녀야 한다. 진실한 기도는 하나님이 반드시 들어 주신다. 이런 기도가 순교자의 기도이다.

우리는 이런 신앙인이 되어야 한다. 이것이 진리 믿음이고, 우리의 심령이 확실히 이런 진리의 믿음이면 아벨과 같이 우리도 순교할 수 있고 내 자신은 순교할 자격이 없지만 하나님께서 순교할 수 있도록 도와주시는 것이다.

나에게 모자라는 것은 하나님께서 성령으로 채워 주셔서 감당하게 하신다. 이 얼마나 감사한 일인가.

이와 같은 의인의 호소가 나타나는데 바로 교회시대, 즉 유브라데강 마지막 때 주의 재림 사건을 계기로 진리 성도들에게 나타난다. 첫째 부활에 나타날 순교 성도의 부활과 살아 믿는 우리는 산 순교로 변화체 형상이 되어가는 믿음으로 세상 교회가 환난을 줄 때 진리 성도들에게 재현될 의인의 피요, 호소라는 것이다. 주님의 남은 고난과 형상으로 채워지려니, 그리고 그 영광도 함께 누리려니 과거 하나님의 증인들에게 나타났던 의인의 피가, 호소가 진리 성도 인맞은 자들을 통해 재현되는 것이다.

주님과 행동을 같이 하지 아니하고, 주님의 마음을 품지 아니하고, 무슨 자격으로 그 자리에 설 수 있겠는가. 그런 자들은 자격이 없다. 인맞은 자 십사만 사천·진리 성도 그들은 자격이 있다. 의인의 피와 같이 인맞은 자들은 하나님께 호소한다. 그렇기 때문에 주님과 같은 자리에 갈 수 있는 것이다.

그와 같은 진리의 성도들이 십사만 사천이니 하나님 나라가 이루어질만한 것이다. 아벨의 피도 하나님께서 응답하셨는데 십사만 사천 성도가 아벨과 같은 의인의 피로 호소한다고 하니 하나님께서 불의의 모든 가증된 모습을 심판하시고 진리의 성도들을 높여 주의 재림과 함께 진리세계 새 하늘과 새 땅을 창조하시는 것이다.

그러므로 우리는 주님의 피가 우리 심령 속에 들어와 이루어지도록 믿음 생활해야 한다. 어떻게 하면 주님의 피가 내게 이루어질 수 있을까 하며 주님의 성품을 닮으려고 최선을 다해야 한다. 이런 자세가 진리의 믿음이다. 진리의 믿음을 위해 애쓰고 희생할 때 주님의 피가 내게 들어오는 것이다. 곧 의인의 피가 되고, 이것으로 주님과 동행하는 자가 되고 주님의 나라를 이루게 되는 것이다.

8. 타락한 하나님의 아들들과 노아 방주의 영적 의미

"사람이 땅 위에 번성하기 시작할 때에 그들에게서 딸들이 나니 하나님의 아들들이 사람의 딸들의 아름다움을 보고 자기들의 좋아하는 모든 자로 아내를 삼는지라 여호와께서 가라사대 나의 신이 영원히 사람과 함께하지 아니하리니 이는 그들이 육체가 됨이라 그러나 그들의 날은 일백이십 년이 되리라 하시니라 당시에 땅에 네피림이 있었고 그 후에도 하나님의 아들들이 사람의 딸들을 취하여 자식을 낳았으니 그들이 용사라 고대에 유명한 사람이었더라"(창 6:1~4)

하나님의 아들들이 사람의 딸들과 혼인을 하였으며, 그 이후에 사람의 연한이 120년으로 되었다고 하였다. 120년이 못 되어 죽으면 저주가 된다. 그렇다면 하나님의 아들들은 도대체 어떻게 생겼을까. 이 문제를 해결하기 위해 인본주의 신학자들은 지금 여러 가지 학설로 논쟁을 지속하고 있다. 그런데 이 문제를 육신의 생육 원리로, 즉 생물학적 원리로 해결하려 한다면 해결될 수가 없다.

본문에서 하나님의 아들들은 영적인 아들들이다. 사람의 딸들이란 육적인 딸들이다. 영적인 아들이 육신적인 딸과 결혼하게 되면 그는 육신적인 사람이 된다. 영적인 아들은 영적인 딸과 결혼해서 영적인 아들을 낳아야 하나님의 뜻을 이룰 수가 있는데 육적인 딸의 아리따운 모습을 보고는 거기에 빠져 육적인 딸과 결혼한다면 그는 결국 육적인 아들만 낳을 수 있다는 것이다.

그러므로 본문에서 하나님의 아들들이 모두 사람의 딸들의 아름다움을 보고 혼인했다 함은 다 육적인 아들들을 낳았다는 것이다. 육신적인 사람으로 타락을 했다는 의미이다. 육신적인 예배를 하는 상태로 다 타락을 했다는 것이다.

영적인 사람들은 영적인 일을 해야 하는데 이는 또한 영적인 예배를 통하여 나타나게 되어 있다. 그런데 영적인 사람 곧 하나님의 아들들이 하나님의 일을 해야 하는데 육신적인 일을 하는 상태로 타락을 하는 것이다. 육신주의 믿음에는 영적인 하나님의 일이 이루어지지 않는다. 오늘날 대부분 교회가 이 모습에서 결코 자유로울 수 있을까. 오늘날 대부분 교회의 영적 실상이다.

"예수께서 성전에 들어가사 성전 안에서 매매하는 모든 자를 내어 쫓으시며 돈 바꾸는 자들의 상과 비둘기 파는 자들의 의자를 둘러 엎으시고 저희에게 이르시되 기록된바 내 집은 기도하는 집이라 일컬음을 받으리라 하였거늘 너희는 강도의 굴혈을 만드는도다 하시니라"(마 21:12~13)

또 한 가지 변화는 오늘날 영적인 사람들이 과거 대제사장, 서기관, 바리새인의 유대교와 같이 하나님의 성전과 교회를 육적인 교회를 만들고 있다는 것이다. 오늘날 대부분 교회는 육신적인 감정에 이끌려서 육적인 교회를 만들고 있는 실정이다. 그와 같은 육신적인 교회에 하나님은 계시지 않는다. 하나님은 영적인 교회에 함께하는 것이지 육적인 교회에는 함께하시지 않고 떠나시게 되어 있다.

하나님의 아들 곧 영적인 아들들이 육신적인 교회와 합쳐지게 되면 그는 영적인 사람이 되는 것이 아니라 육적인 아들이 되듯, 마찬가지로 영적인 교역자가 육신적인 교역자와 합치게 되면(=육적인 교역자로 타락을 하게 되면) 영적인 교회를 만드는 것이 아니라 육신적인 교회로 변하게 하는 것이다. 그렇게 되면 하나님은 그곳에서 떠나시게 되어 있다.

언제든지 교회는 하나님의 뜻을 따라가야지 육신의 아름다움을 따라가다가는 실패하고 만다. 그들은 아무리 '주여! 주여!' 부르짖으며 하나님의 일을 했는지는 몰라도 하나님은 그곳에 계시지 않고 떠나신다. 사도로 주가 부르시기 전 사울은 예수 믿는 자를 죽이고 박해한 자였다. 그는 그것이 하나님께 충성하는 모습이라 여겼던 것이다. 그런 그에게 하나님은 없었던 것이다.

그들이 '주여! 주여!'하는 것은 결국 마귀 사탄에게 한 결과가 되는 것이다.

> "...사울아 사울아 네가 어찌하여 나를 박해하느냐... 나는 네가 박해하는 예수라....." (행 9:4~5)

하나님이 슬퍼하는 것은 '주여! 주여!'하고는 하나님의 아들들이 육신의 아름다움을 따르는 일이다. 하나님의 진정한 뜻을 모르는 것이다. 육적인 아름다움을 따라 하는 모든 것은 육적으로 빠진 결과이지 이것은 결코 영적으로 하나님 앞에 상달되지는 않는다.

현대 교회가 대부분 이런 영적 상황으로 전락되었다. 특히 대형교회 위주의 모습은 인간이 영광 다 취하고는 하나님께 영광이라고 주장한다. 이런 모습이 한 예일 것이다. 다 하나님의 아들의 모습에서 육신의 모습으로 변질되고 타락한 것이다.

그러므로 우리는 믿음 생활하면서 육적인 것은 아무리 아름답고 그럴듯하게 보여도 그곳에는 하나님이 계시지 않고 언제든지 영적인 일에 함께 하신 다는 것을 명심하고 신앙생활에 기준을 삼아야 할 것이다.

"여호와께서 사람의 죄악이 세상에 관영함과 그 마음의 생각의 모든 계획이 항상 악할 뿐임을 보시고 땅 위에 사람 지으셨음을 한탄하사 마음에 근심하시고 가라사대 나의 창조한 사람을 내가 지면에서 쓸어버리되 사람으로부터 육축과 기는 것과 공중에 새까지 그리하리니 이는 내가 그것을 지었음을 한탄함이니라 하시니라 그러나 노아는 여호와께 은혜를 입었더라 노아의 사적은 이러하니라 노아는 의인이요 당세에 완전한 자라 그가 하나님과 동행하였으며 그가 세 아들을 낳았으니 셈과 함과 야벳이라 때에 온 땅이 하나님 앞에 패괴하여 강포가 땅에 충만한지라 하나님이 보신즉 땅이 패괴하였으니 이는 땅에서 모든 혈육 있는 자의 행위가 패괴함이었더라"(창 6:5~12)

하나님께서 세상을 보실 때에 한탄을 하셨다. "이것을 어떻게 해야 하나… 생각하는 것이 육신이고, 행하는 것이 다 육신이니…" 그러던 어느 날 하나님께서는 "내가 지은 사람을 이 세상에서 다 쓸어 버려야겠다"고 뜻을 정하신 것이다.

그런데 노아는 당대에 완전한 의인이었다. 주님께서 보실 적에, 곧 하나님께서 보실 적에 노아만은 완전하였고 의인이었다. '완전하다 의인이다'라는 뜻은 믿음이 완전한 사람을 의미한다. 땅에 있는 모든 사람이 다 '주여! 수여!'는 했는데 그런데 노아의 가정만은 영적으로 하나님과 교통하는 사람들이었던 것이다.

하나님께서는 세속적인 신앙은 몰라라 하신다. 그들은 육신의 만족을 따라서 행한 것뿐이었지 하나님과는 상관없기 때문이다. 결국 하나님과 동행한 노아만이 하나님의 은혜를 입게 된 것이다.

> "하나님이 노아에게 이르시되 모든 혈육 있는 자의 강포가 땅에 가득하므로 그 끝날이 내 앞에 이르렀으니 내가 그들을 땅과 함께 멸하리라" (창 6:13)

진멸할 수밖에 없는 때가 되었다. 죄가 관영함은 죄로 가득 찬 상태를 말한다. 이렇게 되니 하나님이 노아에게 '내가 생각한 것이 있다'라며 말씀하신 것이다. 오늘날도 하나님께서 '죄가 꽉 찼구나'라고 여기시면 노아 때와 마찬가지로 우리에게 말씀하신다. '야 더 이상 지켜만 볼 수가 없다. 죄가 꽉 찼으니…' 그렇다면 하나님께서는 무엇을 가지시고 죄의 관영함을 다스려 나가실까. 하나님께서 오늘의 교회가 죄로 가득한 상태를 보시면서 노아에게 말씀하시듯 '죄가 꽉 찼으니 다 쓸어 버려야겠다'라고 하는 것이다. 이것이 예언의 말씀이며, 심판의 말씀이다.

오늘날 육신교회 특성 중 하나가 윤리 도덕은 더러 강조하되 심판에 대한 말씀, 예언의 말씀이 거의 사라졌다는 것이다. 영적으로 캄캄하니 육신신앙으로 꽉 차 있는 상태이다. 부활과 변화의 신앙은 말뿐, 행위로는 부인하니 하나님 보시기에 죄가 관영한 모습이라 할 수 있다.

무엇을 보시고 기준을 삼아 죄악이 관영했다 할 수 있는가. 거기에는 하나님의 기준이 있다. 하나님은 세상이 아닌 교회의 내면을 들여다 보고 계신다.

즉 배도자를 보는 것이다. 결국 배도자가 교회에서 나오게 되면 죄는 관영한 것이다. 배도자는 무엇이든지 다 육신인 것이다. 자신들이 하나님처럼 뻔뻔스럽게 육신/교권주의로 좌지우지하면서 하나님의 일을 한다고 주장한다. 영으로는 발람같이 육신으로 따라가 놓고선 하나님 말씀으로 따라갔다 주장하는 자들이다. 발람이 하나님을 온전히 따랐다면 왜 죽임을 당했을까.

이것이 교회 안에 죄가 관영한 모습이다. 하나님의 영적 기준을 따르지 않고 육신주의로 판단하고는 하나님 기준이라 하니 그것이 배도하는 모습이요 자신이 하나님처럼 되어가고 교만하게 되는 것이다. 교회에서 영적으로 이런 배도자가 나오게 됨은 결국 죄가 꽉 찬 상태를 의미한다 하겠다.

하나님은 배도자가 나오면 심판을 행하신다. 심판에 앞서 하나님은 노아는 의인이요 완전한 자이었기에 그는 구원의 은총을 입게 된다. 방주를 준비하라 하셨고 구체적으로 알려 주셨다.

지금 우매한 인간은 구원을 얻으려고 방주의 의미도 모르고 심지어 방주식으로 교회 건물을 짓는 경우도 있다. 우리가 구원받을 수 있는 방주는 진리 믿음의 영적인 방주이다. 부활과 변화의 믿음만이 교회시대에서는 영적인 방주가 된다.

그런데 오늘날 많은 교회가 부활과 변화라는 진리 믿음에는 캄캄한 채 믿는다고는 하니 그들이 찾는 하나님은 발람이 쫓아간 육신의 하나님이다. 결국 인간 하나님을 세워 놓으니 이것이 배도가 되는 것이다. 그리고 예수 그리스도를 하나님의 아들로 믿지 못하고 결국 예수를 핍박하고 마지막 때는 진리 성도까지 민주주의 시대랍시고 탄압과 핍박을 하게 되니 이 죄가 하늘에 닿는 것이다.

"너는 잣나무로 너를 위하여 방주를 짓되 그 안에 칸들을 막고 역청으로 그 안팎에 칠하라" (창 6:14)

방주를 만드는데 누구를 위하여 만들라 하였나. '너를 위하여 잣나무로 만들라' 하셨다.

오늘날 진리의 방주도 결국은 나를 위해서 짓는 것이다. 방주는 누구를 돕기 위해서 짓는 것이 아니다. 그리고 내 방주는 또 내가 지어야 하는 것이지 누구 덕에 누가 지어주는 것이 아니라는 사실이다. 내 방주는 내가 열심히 지어야 한다. 한눈팔지 말고 지어야 한다. 누가 와서 별나게 핍박하고 조롱하고 또는 짓지 못하게 방해하여도 지어야 하는 것이다.

우리는 앞으로 방주 짓는 일만 남았다. 즉 진리의 믿음을 키우는 일만 남았다. 진리의 믿음은 누구를 도와주려고 믿는 것이 아니다. 나의 구원을 위해서 진리의 믿음을 갖는 것이다. 진리의 믿음은 시작하는 그 순간부터 어려움이 오게 되어 있다. 진리는 적그리스도 영이 알아차리고 미워하게 되어 있다.

배도자가 나온 교회에서 즉 세상 교회에서 진리신앙으로 영적 출애굽 하는 그 순간부터 핍박과 멸시와 조롱이 따라온다. 심지어 죽이려는 듯한 모습으로 달려든다. 이 어려움을 인간으로서는 도저히 이겨낼 수가 없다. 그러나 하나님이 도와주신다. 배도자가 나온 교회에서 즉 세상 교회에서 진리를 깨달아 나오는 그 순간부터 진리 성도를 그냥 웃음으로 대해주거나 쉽게 내보내지 않는다. 눈 속 쌍심지에 불을 켜고 기를 쓰고 화를 내며 달려들기까지 한다.

그러므로 교회시대 마지막 때 방주를 짓고 방주에 들어가는 것은 육신적인 믿음에서, 육신적인 교회로부터의 영적 진리 믿음으로의 탈출이요, 영적 출애굽 역사이다.

애굽의 바로가 이스라엘의 사정을 봐주며 쉽게 내보냈는가. 그들은 사정없다. 모든 애굽 군대가 마병대가 되어 이스라엘 백성을 쫓아가 육신의 권력으로 다 몰살하려 했다.

그러나 하나님은 진리 편이다. 힘없어 보였던 이스라엘 백성은 홍해 바다가 갈라져 건너갈 수 있었지만 애굽의 마병대 세력은 하나님을 시험하다가 홍해 바다에서 전멸을 당했다. 영적으로 출애굽을 할 신앙이 아니면 결코 영적 광야에 들어설 수 없고 가나안에 들어갈 수도 없다. 인간적인 것에, 육신적인 것에 얽매인 자들은 영적신앙으로 들어설 수 없다.

평소에는 사이가 좋던 사람들도 진리의 믿음으로 탈출을 하게 되면 그 순간 변하게 되어 있다. 영이 다르면 그렇게 된다. 입에 담을 수 있는 욕은 다 담고, 그때부터 원수가 되는 것이다. 왜 그렇게까지 될까 이상하게 여길 수도 있지만 영적 믿음과 육적 믿음은 근본적으로 그 안에 하나님의 영과 사탄의 영과의 싸움이기 때문에 결코 하나가 될 수 없으며, 진리가 드러나게 되니 본색이 나타나게 되는 것이다.

탈출하지 않고 세상 교회에 죽치고 앉아 있으면 편하겠지만 나오는 그 순간부터는 죽일 원수인 양 달려드는 것이다. 무시하게 되고 비웃고 조롱하고 폄하하는 것이다.

그러나 언제까지나 육신 신앙을 벗어나지 못하는 것은 결국 적그리스도, 거짓 선지자, 음녀 심판이 이루어질 때 함께 심판을 받을 수밖에 없다는 사실이다. 애굽의 군대가 모두 홍해에서 심판을 당하는 모습과 같은 것이다.

9. 5개월 환난의 정체

"칠 일 후에 홍수가 땅에 덮이니 노아 육백 세 되던 해 이월 곧 그달 십칠 일이라 그날에 큰 깊음의 샘들이 터지며 하늘의 창들이 열려"(창 7:10~11)

노아의 육백 년 이월 십칠일에 홍수가 일어났다. 노아가 오백세 되던 해에 '120년 후면 하나님이 이 땅을 홍수로 쓸어 버리시겠다'라는 하나님의 말씀이 있었다. 그런데 노아의 육백 세 되던 해 2월 17일에 홍수가 시작되었다. 하나님께서 20년이나 그 일을 앞당긴 것을 볼 수 있다.

왜 앞당겨졌을까. 방주가 다 완성되었으므로 앞당긴 것이다. 방주가 120년 걸려서 지어질 줄 알았는데 백년 만에 완성된 것이다. 방주가 다 지어지면 심판은 시작된다. 귀 있는 자는 깨달을지어다.

마지막 때도 그러하다. 십사만 사천 성도의 진리 믿음이 하나님께서 보시기에 인정하시는 궤도에 오르면 육신, 교권주의 믿음 세계에 대한 심판은 시작되는 것이다. 연단을 통해 부활과 변화의 믿음이 하나님이 판단하시는 선에 닿으면 기름을 준비하지 못한 미련한 다섯 처녀의 심판은 시작된다. 세상이 바뀌는 것이다.

십사만 사천 인맞은 성도가 받는 연단은 요한계시록에 마흔두 달간 받는다 하였다.

"성전 밖 마당은 척량하지 말고 그냥 두라 이것을 이방인에게 주었은 즉 저희가 거룩한 성을 마흔두 달 동안 짓밟으리라"(계 11:2)

"내가 보니 바다에서 한 짐승이 나오는데 뿔이 열이요 머리가 일곱이라 그 뿔에는 열 면류관이 있고 그 머리들에는 참람된 이름들이 있더라 내가 본 짐승은 표범과 비슷하고 그 발은 곰의 발 같고 그 입은 사자의 입 같은데 용이 자기의 능력과 보좌와 큰 권세를 그에게 주었더라 그의 머리 하나가 상하여 죽게 된 것 같더니 그 죽게 되었던 상처가 나으매 온 땅이 이상히 여겨 짐승을 따르고 용이 짐승에게 권세를 주므로 용에게 경배하며 짐승에게 경배하여 가로되 누가 이 짐승과 같으뇨 누가 능히 이로 더불어 싸우리요 하더라 또 짐승이 큰 말과 참람된 말하는 입을 받고 또 마흔두 달 일할 권세를 받으니라 짐승이 입을 벌려 하나님을 향하여 훼방하되 그의 이름과 그의 장막 곧 하늘에 거하는 자들을 훼방하더라 또 권세를 받아 성도들과 싸워 이기게 되고 각 족속과 백성과 방언과 나라를 다스리는 권세를 받으니 죽임을 당한 어린양의 생명책에 창세 이후로 녹명되지 못하고 이 땅에 사는 자들은 다 짐승에게 경배하리라 누구든지 귀가 있거든 들을찌어다"(계 13:1~9)

이 기간 적그리스도의 영으로 전락된 교회는 교권주의 권세로 유대교와 같이 진리 성도와 진리교회를 향해 조롱과 멸시와 무시, 온갖 횡포를 부린다. 진리 성도를 핍박하고 강포를 행하는데 하나님에게는 이것까지 기억하신바 된다 하였다.

그리고 마지막 순간에는 그런 그들의 행위 모두를 다 심판하시는 것이다.

그리고 홍수가 일어나 심판할 때면 하늘에서만 비가 쏟아진 것이 아니다. 땅에서도 샘이 터져 버린다. 즉 하늘과 땅에서 심판은 퍼부어진다.

"사십 주야를 비가 땅에 쏟아졌더라 곧 그날에 노아와 그의 아들 셈, 함, 야벳과 노아의 처와 세 자부가 다 방주로 들어갔고 그들과 모든 짐승들이 그 종류대로 모든 육축이 그 종류대로 땅에 기는 모든 것이 그 종류대로 모든 새 곧 각양의 새가 그 종류대로 무릇 기식이 있는 육체가 둘씩 노아에게 나아와 방주로 들어갔으니 들어간 것들은 모든 것의 암수라 하나님이 그에게 명하신 대로 들어가매 여호와께서 그를 닫아 넣으시니라 홍수가 땅에 사십 일을 있었는지라 물이 많아져 방주가 땅에서 떠올랐고 물이 더 많아져 땅에 창일하매 방주가 물 위에 떠다녔으며 물이 땅에 더욱 창일하매 천하에 높은 산이 다 덮였더니 물이 불어서 십오 규빗이 오르매 산들이 덮인지라 땅위에 움직이는 생물이 다 죽었으니 곧 새와 육축과 들짐승과 땅에 기는 모든 것과 모든 사람이라 육지에 있어 코로 생물의 기식을 호흡하는 것은 다 죽었더라 지면의 모든 생물을 쓸어버리시니 곧 사람과 짐승과 기는 것과 공중에 새까지라 이들은 땅에서 쓸어버림을 당하였으되 홀로 노아와 그와 함께 방주에 있던 자만 남았더라 물이 일백오십 일을 땅에 창일하였더라"(창 7:12~24)

'다섯 달 동안 땅이 물에 차 있었더라' 홍수 나던 해 2월 17일부터 7월 17일까지 150일을 땅에 물이 차 있었다. 마지막 다섯째 나팔 사건에 나오는 황충의 화, 오 개월 환난을 의미하기도 한다. 이 기간 동안에 교회의 남아 있는 진리 믿음의 싹이란 싹은 다 갉아먹고 죽인다. 애굽의 열 재앙 중 일곱째 우박 재앙을 피한 싹을 메뚜기 곧 황충이가 나와서 다 쓸어버리듯 교회 안에 남아있는 진리믿음의 싹, 생명의 싹을 죽이는 것이다.

사방에 물만 보였지 산도 다 덮였던 것이다. 150일이 지난 후부터 물이 서서히 빠지기 시작했다.

그렇다면 여기서 창일한 물은 무엇을 의미할까. 그 물이 또 맑은 물이겠는가. 아니면 흙탕물이겠는가. 그 물을 흙탕물이요, 잡탕물이다. 즉 잡탕 설교들이다. 그렇게 잡탕물, 흙탕물 설교로 마지막 때도 영적인 진리믿음의 싹은 다 죽이고 육신주의 교회로 변질시키고 심판하는 것이다.

"...중략... 여자의 뒤에서 뱀이 그 입으로 물을 강같이 토하여 여자를 물에 떠내려가게 하려 하되 땅이 여자를 도와 그 입을 벌려 용의 입에서 토한 강물을 삼키니 용이 여자에게 분노하여 돌아가서 그 여자의 남은 자손 곧 하나님의 계명을 지키며 예수의 증거를 가진 자들로 더불어 싸우려고 바다 모래 위에 섰더라" (계 12:1~17)

노아 홍수 사건은 교회시대 마지막 때 요한계시록에 언급한 5개월 환란과 연결된다. 황충의 화가 바로 마흔두 달간 진리로 나오지 못한 육신주의 신자들을 거짓 선지자, 적그리스도의 영으로 물들이는 것이다. 모든 기식 있는 것은 150일간 홍수로 심판당한다. 마지막 때도 교회가 다 구원이 아니라 육신주의 믿음은 이같이 심판된다는 것이다. 진리로 나오지 못한 육신수의 신앙인들은 잡탕물, 흙탕물 설교로 영이 죽어가는지도 모르게 죽어가는 것이다.

거짓 선지자, 적그리스도, 짐승, 용이라 표현되는 어둠의 정체들, 이는 문자 표현 그대로 우리 앞에 나타나는 것이 아니다. 천사의 얼굴로 가장하여 거룩한 곳 즉 강단에 서서 육신주의 설교하는 설교자로, 목회자의 얼굴을 가지고 나타나는 것이다. 인간이지만 진리가 없으면 그가 바로 거짓 선지자, 적그리스도이며 짐승의 영으로 많은 사람을 미혹하는 것이다.

그런 육신적인 교회에는 하나님이 계시지 않는다. 진리의 성도는 그런 곳에서 숨도 쉬지 못한다. 이미 영적 홍수인 잡탕물로 변해버렸기 때문이다. 그곳에 하나님의 뜻은 없다.

노아 홍수는 과거의 역사로만 남는 것이 아니다. 마지막 교회시대에서 노아 홍수와 같이 자연적 현상의 심판이 아닌 진리 신앙으로 나오지 못한 자들에 대해 영적 황충의 세력이 나와 육신주의 설교 홍수로 심판하는 것이다.

새 하늘과 새 땅이 창조될 때 교회 안에서 영적인 진리의 신앙, 곧 부활과 변화의 신앙으로 승리하지 못한 육신 교회에 대한 심판이다. 첫째 부활에 참여할 수 있는 부활과 변화의 진리 믿음으로 나오지 못한 육신 신앙인들에 대한 심판임을 분명히 귀 있는 자는 깨닫기 바란다.

10. 아이 밴 자와 젖 먹이는 자

"그러므로 너희가 선지자 다니엘의 말한 바 멸망의 가증한 것이 거룩한 곳에 선 것을 보거든(읽는 자는 깨달을찐저) 그때에 유대에 있는 자들은 산으로 도망할찌어다 지붕위에 있는 자는 겉옷을 가질러 뒤로 돌이키지 말찌어다 그날에는 아이 밴 자들과 젖먹이는 자들에게 화가 있으리로다 너희의 도망하는 일이 겨울에나 안식일에 되지 않도록 기도하라 이는 그때에 큰 환난이 있겠음이라 창세로부터 지금까지 이런 환난이 없었고 후에도 없으리라 그날들을 감하지 아니할 것이면 모든 육체가 구원을 얻지 못할 것이나 그러나 택하신 자들을 위하여 그날들을 감하시리라"(마 24:15~22)

마태복음 24장은 예수 그리스도가 제자들에게 종말현상에 대해 직접적으로 하신 말씀이므로 종말론 신학과제 접근에서 가장 중요한 지침이 되는 말씀이다.

'멸망의 가증한 것'에 대해서는 본서에서 이미 충분히 언급했고 계속 언급될 것이다. 그만큼 멸망의 가증한 것을 분별하는 것은 신앙인들에게 가장 중요한 영적 분별이 되기 때문이다. 여기서는 아이 밴 자와 젖먹이는 자, 그리고 겨울, 안식일에 대한 영적 의미를 부여하고자 한다.

'아이 밴 자'의 의미는 미련한 다섯 처녀가 신랑이 왔을 때 자신들의 기름이 떨어져 부랴부랴 주님 맞이할 준비에 서두르는 자에 해당 된다. 교회시대 마지막 시기가 되면 다음 시대인 진리시대를 이어가기 위해 성숙한 진리의 믿음이 필요한 데 주님과 같은 진리의 믿음을 준비하지 못한 그저 생각에만 있고 삶에서 부활과 변화의 신앙이 못된 율법주의 신앙에 머물러 있는 자들이다.

믿음에 대해서 생각에만 있지, 실천하는 삶이 없는 자들이다. 신랑이 오리라 예측은 하였지만 신랑 맞을 예복 즉, 변화와 부활의 신앙을 준비하지 못한 자들이다. 육신주의로 믿음 생활했던 신도들이다.

'젖먹이는 자'도 거의 유사한 의미이다. 하나님 나라를 상속할 시기가 왔는데도 상속자 신앙인 아들 신앙의 수준으로 자라지 못한 자들이다. 부활과 변화체 신앙으로 성숙하지 못한 자들이다. 초등학문적 은혜/은사주의 신앙에 한계를 벗어나지 못한 자들이다. 육신주의 신앙인들이다. 은혜가 임하면 그저 좋아라 하지만 환난이 오면 원망하고 불평하는 자들이다. 언제까지나 은혜만 바라는 젖먹이 신앙이라는 것이다.

'겨울이나 안식일'은 하나님께서 교회시대에 이루어질 모든 구속역사를 마무리하시고 안식에 들어가는 시기이다. 농부가 겨울에 일하는가. 겨울은 추수를 끝내고 쉬는 계절이다. 안식일은 새 하늘과 새 땅을 창조하고 영원한 안식으로 들어가는 때이다.

안식일 전에 양식을 미리 준비하지 못하면 광야에서도 굶었다. 교회시대에서도 영적 진리 믿음의 양식인 부활과 변화의 믿음을 준비하지 못하면 안식일에 누릴 영생에서는 제외된다. 오히려 바깥 어두움에 내쫓기어 이를 갈며 영원히 슬피 울게 될 뿐이다.

농부에게 겨울이 오기 전 양식을 준비하지 못하면 혹독한 겨울이 되듯, 새 하늘과 새 땅 진리시대에 걸맞은 진리믿음을 준비하지 못하면 심판이 되는 것이다.

대환난이 오기 전 미리 진리의 믿음, 기름을 준비해야 함에도 아들의 신앙으로 나오지 못하고 어린아이의 젖먹는 신앙에 머물러 있으니 환난날에 어찌 구원받을 수 있으랴. 주님이 이 땅위에 다시 오실 때 어찌 기쁨으로 맞이할 수 있으랴.

교회시대 마지막 환난은 창세 이후 지금까지 없었던 대환난이다. 그날들을 감하지 않으면 택한자들 마저 구원을 얻기 힘든 환난이라 하였다.

"여자가 아들을 낳으니 이는 장차 철장으로 만국을 다스릴 남자라 그 아들이 하나님 앞과 그 보좌 앞으로 올려가더라"(계 12:5)

하나님 보좌에 이를 수 있는 믿음은 그룹과 두루 도는 화염검을 헤치고 생명나무의 열매를 먹을 수 있는 부활과 변화의 믿음만이 가능한 것이다. 그가 하나님 나라의 상속자가 되어 만국을 다스리는 것이다. 진리로 나오지 못한 율법주의, 은혜은사주의 육신주의 믿음은 질그릇 깨지듯 환난 날에 다 무너지게 되어 있다. 순교와 산 순교의 진리 믿음만이 새로운 시대를 열 수 있다.

2부

교회시대와 종말에 대한 제언

1. 성경은 누구를 향한 말씀이고 경고인가

"나 여호와가 이같이 말하노라 내가 너희의 어미를 내보낸 이혼 증서가 어디 있느냐 내가 어느 채주에게 너희를 팔았느냐 보라 너희는 죄악으로 말미암아 팔렸고 너희의 어미는 너희의 배역함으로 말미암아 내보냄을 받았느니라 내가 왔어도 사람이 없었으며 내가 불러도 대답하는 자가 없었음은 어찌 됨이냐 내 손이 어찌 짧아 구속하지 못하겠느냐 내가 어찌 건질 능력이 없겠느냐 보라 내가 꾸짖어 바다를 마르게 하며 강들을 사막이 되게 하며 물이 없어졌으므로 그 물고기들이 악취를 내며 갈하여 죽으리라 내가 흑암으로 하늘을 입히며 굵은 베로 덮느니라"(사 50:1~3)

성경은 그 대상이 믿지 않는 이방 세계를 향한 말씀이 되기도 하지만 무엇보다 구약시대 이스라엘을 대상으로 한다. 이 점을 고려할 때 성경은 오늘날 자칭 믿는다고 하는 교회 전체를 향한 경고의 말씀이요, 심판과 구원의 말씀이라 할 수 있다.

성경 전체는 이와 같이 하나님의 공의와 정의로운 신앙에서 이스라엘과 교회가 배반할 때 이스라엘과 교회를 심판하신다는 말씀이다.

이사야 선지자를 통한 위 말씀도 바로 이스라엘 스스로 하나님을 배역하므로 흑암이 되었음을 지적한다. 성경은 수없이 이스라엘의 배역을 지적한다. 그런데 오늘의 교회는 예외일까. 이같이 생각함은 아주 어리석은 생각이 아닐 수 없다.

대부분의 목회자가 이중성을 보인다. 특히 2천 년 전 예수 그리스도 초림 당시의 상황은 영적 환난기이자 영적 종교개혁기라 할 수 있다. 세례 요한과 사도들은 율법주의자들, 곧 유대교 바리새인과 서기관, 대제사장을 향해 독사의 자식들이라 외쳤다. 그들은 돌에 맞아 죽을 각오로까지 율법주의, 외식주의, 형식주의 등 인간의 죄성을 시대적으로 드러내게 했던 것이다.

현대교회에서도 마찬가지이다. 오늘날 목회자들이 진리 목회를 한다고 자신한다면 이와 같은 각오로 목회에 임해야 한다. 육신, 율법주의, 은사주의, 기복주의 등 진리 믿음에서 왜곡된 현상을 시대적으로 드러내고 이에 수많은 신자들이 미혹되지 않도록 해야 한다. 영적으로 살아있는 역동적인 진리교회 모습과 외침이 나타나야 한다는 것이다. 그러나 실상은 그렇지 않다. 오히려 그러한 육신, 율법, 교권주의 신앙으로 오히려 목회자의 세계는 흘러가고 있다.

위 말씀은 바로 이스라엘을 향한 경고인 것이다. 또한 오늘 현대교회를 향한 외침이요, 경고인 것이다.

유대인처럼 예수 그리스도를 십자가에 다시 죽이는 것이다. 선지자들의 피를 다시 흘리는 것이다. '그 피 흘림에 내가 예외일 수 있다'고 착각하지 말라. 교회는 예외일 수 있다고 착각하지 말라. 아시아의 일곱교회도 책망과 함께 심판과 구속의 역사를 동시에 선포하고 있음을 심비에 기억해야 할 것이다.

2. 하나님은 남은 자를 찾으신다 (이스라엘 심판을 통한 교회의 심판을 예고하는 말씀)

"백성들아 너희는 다 들을지어다 땅과 거기에 있는 모든 것들아 자세히 들을지어다 주 여호와께서 너희에 대하여 증언하시되 곧 주께서 성전에서 그리하실 것이니라 여호와께서 그의 처소에서 나오시고 강림하사 땅의 높은 곳을 밟으실 것이다 그 아래에서 산들이 녹고 골짜기들이 갈라지기를 불 앞의 밀초 같고 비탈로 쏟아지는 물 같을 것이니 이는 다 야곱의 허물로 말미암음이요 이스라엘 족속의 죄로 말미암음이라 야곱의 허물이 무엇이냐 사마리아가 아니냐 유다의 산당이 무엇이냐 예루살렘이 아니냐"(미 1:2~5)

이스라엘의 허물이요, 교회의 허물을 말함이라.

"내가 또 이르노니 야곱의 우두머리들과 이스라엘 족속의 통치자들아 들으라 정의를 아는 것이 너희의 본분이 아니냐 너희가 선을 미워하고 악을 기뻐하여 내 백성의 가죽을 벗기고 그 뼈에서 살을 뜯어 그들의 살을 먹으며 그 가죽을 벗기며 그 뼈를 꺾어 다지기를 냄비와 솥 가운데에 담을 고기처럼 하는도다 그때에 그들이 여호와께 부르짖을지라도 응답하지 아니하시고 그들의 행위가 악했던 만큼 그들 앞에 얼굴을 가리시리라 내 백성을 유혹하는 선지자들은 이에 물 것이 있으면 평강을 외치나 그 입에 무엇을 채워 주지 아니하는 자에게는 전쟁을 준비하는도다 이런 선지자에 대하여 여호와께서 이르시되 그러므로 너희가 밤을 만나리니 이상을 보지 못할 것이요 어둠을 만나리니 점치지 못하리라 하셨나니 이 선지자 위에는 해가 져서 낮이 캄캄할 것이라"(미 3:1~6)

하나님의 정의와 공의를 실천할 이스라엘의 지도자와 선지자들이 본분을 망각하고 어두움에 빠지는 영적 실상이다. 교회는 안 그럴까. 마지막 교회시대도 위와 같이 하나님의 정의와 공의, 진리의 사랑을 잃고 영적 흑암으로 내달려 하나님의 진노를 자처할 뿐이라.

"오직 나는 여호와의 영으로 말미암아 능력과 정의와 용기로 충만해져서 야곱의 허물과 이스라엘의 죄를 그들에게 보이리라 야곱 족속의 우두머리들과 이스라엘 족속의 통치자들 곧 정의를 미워하고 정직한 것을 굽게 하는 자들아 원하노니 이 말을 들을지어다 시온을 피로, 예루살렘을 죄악으로 건축하는도다 그들의 우두머리들은 뇌물을 위하여 재판하며 그들의 제사장은 삯을 위하여 교훈하며 그들의 선지자는 돈을 위하여 점을 치면서도 여호와를 의뢰하여 이르기를 여호와께서 우리 중에 계시지 아니하냐 재앙이 우리에게 임하지 아니하리라 하는도다 이러므로 너희로 말미암아 시온은 갈아엎은 밭이 되고 예루살렘은 무더기가 되고 성전의 산은 수풀의 높은 곳이 되리라"(미 3:8~12)

마치 바벨탑 같다. 아니 영적 바벨탑이요, 큰 성 바벨론이다. 적그리스도요, 하나님의 진리를 왜곡하고도 하나님이 이루신 교회라 주장한다. 그리고 심판이 없다 한다. 심지어 하나님 이름의 탈을 쓰고 무당짓을 하기도 한다. 어찌 심판을 피할까.

> "야곱아 내가 반드시 너희 무리를 다 모으며 내가 반드시 이스라엘의 남은 자를 모으고 그들을 한 처소에 두기를 브스라의 양 떼 같이 하며 초장의 양 떼 같이 하리니…" (미 2:12)

미가서를 중심으로 성경을 인용하였지만 성경 전체에서 '남은 자' 신앙을 강조함을 볼 수 있다.

'남은 자' 진리 신앙이다. 육신교권주의 신앙이 만연할 때 여기에 물들지 않고 진리 믿음을 지킨 자들이다. 바알에게 무릎을 꿇지 아니한 칠천이 있듯이, 이 시대 또한 교회 가운데 아직 영적 신앙이 죽지 않고 남은 자들이 있으며, 그들을 하나님께서는 진리 가운데 부르신다는 것이다.

미가서에서 언급된 것과 같이 선지자들이 타락하고 변질되어도, 교회시대에서 목회자들이 육신주의로 변질되고 타락하여도 '진리 믿음으로 남은 자는 분명 있다'라는 것이다. 육신주의 설교에 그 영이 물들지 않고 진리의 믿음이 살아있는 자들이 있다. 마지막 때 주님은 그들을 찾으시는 것이고, 그들을 부르시고 진리의 영으로 인도하여 부활과 변화의 믿음으로 승리하게 하신다는 것이다.

3. 믿음이란 본질적 의미조차 잃어버린 현대교회

"믿음은 바라는 것들의 실상이요 보이지 않는 것들의 증거니 선진들이 이로써 증거를 얻었느니라"(히 11:1~2)

 믿음의 의미에는 주체와 객체 간에 상대성 측면에서 일치된 개념이 분명해야 한다. 인간세계에서도 이런 일치된 개념 하에 신뢰가 형성되는 것이 믿음이다. 하물며 인간과 하나님의 관계에서는 더더욱 영적으로 상대적으로 일치된 신뢰는 구원으로 열매 맺고, 이런 믿음의 관계가 불일치 할 때는 심판이 되는 것이다.

 구약 시대의 제사, 교회 시대의 예배 의식도 중요하지만 하나님의 성품을 대변하는 공의, 정의, 사랑이 신앙인의 문화와 삶에서 왜곡될 때 하나님은 진노하시고 심판하신다. 믿음의 본질은 예수 그리스도를 통해 보여진 하나님의 공의, 정의, 사랑을 실천하는 것이다.

 영적인 시각을 가지고 현대교회를 볼 때 많은 부분에서 믿음의 본질을 왜곡하고 있음을 본다. 심각한 상황이다. 이는 하나님의 말씀을 인간 취향에 맞게 해석하고, 제하고 애써 왜곡하는 사례가 많아 의구심을 가질 때가 한두 번이 아니다.

 즉, 오늘의 교회 모습을 보면 '믿음'이란 이런 본질적 의미에서의 믿음이 아닌 일방적 외침과 구호에 지나치지 않고 왜곡되어 있다는 안타까운 느낌이 들 때가 너무 많고 이러한 현상들은 부지기수다.

 주님 재림 역사가 중요하다면서 정작 환난의 정체에 대해 문자적 해석에만

의존하고 영적인 환난의 정체에는 캄캄하다. 환난의 정체는 하나님의 정의 공의, 사랑 그리고 이 시대의 하나님의 뜻인 약속의 말씀을 왜곡하는 모든 영적 상황이다. 구체적으로 신도들에게 어떤 믿음을 준비해야 하는지 두루뭉술하다. 분명하지가 않다는 것이다.

인 때는 말씀이 무엇이며, 나팔 사건은 무엇이며, 일곱 대접은 또한 무엇이며, 인침이 무엇인지, 부활과 변화가 무엇인지, 짐승의 영, 표는 무엇인지, 멸망의 가중한 것이 거룩한 곳에 서는 게 무엇인지, 진리의 영이 무엇인지, 이방인 시대가 끝나감이 무엇인지, 하늘 두루마기 떠나감이 무엇인지, 아이 밴 자와 젖 먹이는 자가 누구인지, 황충과 마병대가 무엇인지…. 대부분 전혀 모르고 애써 알려 하지도 않고 모른다고 하면 목회자로서 자존심은 상하니까 해석하기 쉬운 세대주의, 무천년주의로 왜곡하는 것이다.

이들이 과연 선지자들이라 할 수 있는가. 이들이 과연 하나님의 종이라 할 수 있는가. 이들이 진정 하나님의 성전과 교회를 지키는 파수꾼이요, 청지기인가. 목회자들이라 할 수 있는가.

그런데도 불구하고 많은 신자들이 따라간다. 왜? 육신의 하나님 이름은 부르고 화려하니 수많은 상고들로 치부하듯 금 같은 면류관이 있고 장사를 할 수 있으니 얼마나 편하고 좋은가 하며 따라간다.

지금의 시대는 분명 예수 그리스도 복음전파 이후 성령시대요 성문계시 시대이다. 이 역사를 이루는 역사의 중심 무대가 교회이다.

교회가 영적으로 건강하지 못하면 세상이 흔들린다.

교회는 성문계시 시대에서 인간이 추구해야 할 근본적인 신앙의 목표를 왜곡해서는 결코 안 된다. 성문계시란 성경 그 자체이다. 이스라엘 역사 가운데에 증인으로 나타난 선지자들, 사도들의 믿음의 행적 그 기록을 통해 우리가 하나님의 뜻을 알 수 있다는 것이다. 믿음의 증인들이 살아갔던 믿음의 행적이 주는 교훈을 깨달아 성령시대에서 우리도 진리 믿음으로 열매를 맺어 하나님의 지식에 이르고 구원받을 수 있다는 것이다. 성문계시시대 성경이 주는 하나님의 선물이다. 그래서 성도들은 목회자 세계가 성경을 왜곡하는지 아니하는지, 또는 영적 경성함으로 깨어있는지 무감각한지 영분별 할 줄 아는 시각을 가져야 하는 것이다.

　사도들은 순교로 예수 그리스도의 십자가의 삶과 죽음에서의 부활의 역사를 증인된 몸으로 실천하고 증거했다. 진리 되신 하나님의 인격체 그대로 독생하시어 잠자는 자들의 첫 열매로 나타나신 예수 그리스도시다. 세상과 육신, 율법주의자들은 예수 그리스도를 죽음으로 몰았지만 부활하신 주님을 사도들은 생생하게 목숨을 다하기까지 증인이 되길 자처하였다. 예수 그리스도를 통해 나타난 하나님의 공의, 정의, 사랑을 사도들은 순교하기까지 그들의 삶에서 실천한 것이다. 이것이 믿음의 본질이다. 그리고 성경에 기록된 모든 믿음의 증인들의 삶이 주님과 우리의 진정한 관계이다.
　이러한 증인으로서의 삶이 진정 우리 인간이 추구해야 할 구원의 결정적 모습이요 성취해야만 할 예언적 차원에서의 믿음의 가치가 되는 것이다. 이런 증인 된 삶을 구현함이 예수 그리스도께서 다시 강림하실 첫째 부활에 부활체와 변화체로 참여하는 것이다.
　믿음은 예수 그리스도를 통한 하나님의 형상을 회복하는 무엇보다 인격의 변화가 가장 우선시 되어야 한다. 자신의 변화를 가지지 못한다면 회개가 아니다. 입으로만 하는 회개는 가증된 것이다. 회개 후 삶의 변화가 없다면 무슨 그것이 회개요, 삶의 변화라 할 수 있는가.

자신의 가치관 중심의 삶에서 예수 그리스도를 통해 보여 주신 하나님의 형상으로 자신을 변화시켜 나가되 죽음을 맞이한다면 그것이 생명의 부활을 약속받는 순교자가 되는 것이다. 그리고 마지막 때는 살아서 주님을 맞이하는 산 순교자 곧 변화체 예언을 성취하는 것이다. 이것이 믿음의 본질이다.

그러나 한국교회의 모습은 어떠한가. 일부 아니 많은 신자들은 방언의 은사, 신유의 은사, 방언 통역이라든가 예언의 은사 등의 은사주의와 기복주의적 신앙관이 믿음의 척도가 되어진 느낌을 갖는다. 방언, 신유 등의 은사현상을 본질적으로 무시하는 바는 아니다. 그러나 이러한 은사적 현상들은 시대적 영적 환란기에서는 왜곡되어 나타날 수 있기 때문에 절대적 가치기준이 되지 못한다. 은혜와 은사는 일시적이지 지속성을 갖지는 않는다. 부활체와 변화체, 즉 순교와 산 순교 신앙의 진리 믿음만이 영원성을 갖는다.

믿음의 본질은 구원의 확신을 가지고 자신의 삶을 부활과 변화, 성령의 열매로 나타나는 실상인 것이다.

"그 때에 사람이 너희에게 말하되 보라 그리스도가 여기 있다 혹은 저기 있다 하여도 믿지 말라 거짓 그리스도들과 거짓 선지자들이 일어나 큰 표적과 기사를 보여 할 수만 있으면 택하신 자들도 미혹하리라" (마 24:23~24)

"너희 중에 선지자나 꿈꾸는 자가 일어나서 이적과 기사를 네게 보이고 네게 말하기를 다른 신들을 우리가 좇아 섬기자 하며 이적과 기사가 그 말대로 이룰지라도 너는 그 선지자나 꿈 꾸는 자의 말을 청종차지 말라 이는 너희 하나님 여호와께서 너희가 마음을 다하고 성품을 다하여 너희 하나님 여호와를 사랑하는 여부를 알려 하사 너희를 시험하심이라 너희는 너희 하나님 여호와를 순종하며 그를 경외하며 그 명령을 지키며 그 목소리를 청종하며 그를 섬기며 그에게 부종하고 그 선지자나 꿈꾸는 자는 죽이라 이는 그가 너희로 너희를 애굽 땅에서 인도하여 내시며 종 되었던 집에서 속량하여 취하신 너희 하나님 여호와를 배반케 하려하며 너희 하나님 여호와께서 네게 행하라 명하신 도에서 너를 꾀어내려고 말하였음이라 너는 이같이 하여 너희 중에서 악을 제할지니라" (신 13:1~5)

"저런 사람들은 거짓 사도요 궤휼의 역군이니 자기를 그리스도의 사도로 가장하는 자들이니라 이것이 이상한 일이 아니라 사단도 자기를 광명의 천사로 가장하나니 그러므로 사단의 일꾼들도 자기를 의의 일꾼으로 가장하는 것이 또한 큰 일이 아니라 저희의 결국은 그 행위대로 되리라" (고후 11:13~15)

터무니없는 신학적 사상을 주장하는 이단자들만이 거짓 선지자가 아니다. 그들은 표면적으로 드러난 거짓 선지자들이지만 가장 경계해야 할 거짓 선지자는 누구인가?

선지자, 목회자, 사명을 받은 자라고 주장하지만, 미가야 선지자의 뺨을 때린 시드기야 같은 하나님의 뜻과는 먼 삶, 부활과 변화의 삶과는 먼 자들, 육신주의 목회자들, 이들이 가장 큰 거짓 선지자의 세력이다. 자신의 가치관을 버리고 하나님의 형상으로 예언적 성취를 가지는 삶이 아닌 자는 다 거짓 선지자인 것이다.

오늘날 얼마나 많은 멸망의 가증한 것들이 교회 강단 강단마다, 즉 거룩한 곳을 다 차지하고 있는지 알 수 없는 안타까운 영적 현실이다.

그들은 은연중 위와 같은 믿음의 근본적 본질마저 왜곡하고 물질의 풍요함과 교회당 건물의 규모와 신도 수가 마치 믿음의 축복인 양 왜곡하고 있다. 이런 모습은 진리에서 벗어난 왜곡된 현실이다. 부활과 변화라는 믿음의 아무런 사명 의식도 없이 육신주의 교회의 모습을 현대 교인들에게 완벽한 하나님의 뜻을 따라가는 양 왜곡 의식화하고 있다.

바랄 수 없는 중에 아브라함은 하나님의 약속을 의심하지 않고 나아갔기에 그는 믿음의 조상이 될 수 있었다. 요셉 그에게 보여주신 꿈, 예언을 성취하고 완성함이 육신의 판단으로 그에게는 불가능한 현실이었다. 그러나 하나님은 그가 왜곡되지 않고 하나님을 향한 진실된 신앙을 유지할 때, 또한 하나님이 주신 마음을 왜곡하지 않고 지켜나갈 때 하나님이 어릴 적 그에게 보여주신 꿈을 성취할 수 있게 하였고, 이스라엘 민족을 구원하기까지 하게 한 것이다.

애굽에서의 이스라엘 백성을 향한 출애굽과 가나안 정복과정에서의 모든 구원 역사가 이를 증명한다. 불평불만, 교만한 인간의 성품들은 심판되었다. 하나님 능력과 약속 말씀에 의지한 여호수아와 갈렙은 영적 리더가 되어 역사의 주인공이 되었음을 분명히 성경은 증거하고 있다.

육체로 임하셨지만, 부활의 역사를 이루신 주님을 통해 믿음의 본질은 증거된다. 다시 오실 주님을 맞이하는 것은 육성을 하나님의 형상인 공의, 정의, 사랑으로 철저히 변화시켜 나가는 것으로 교회시대에서 믿음의 본질적 의미를 갖는다. 쓰러져도 일어서고 좌우로 치우치지 않고 끝내 하나님을 향해 나아가는 자가 마지막 때 주님께서 점과 흠을 없이할 긍휼을 받을 자가 된다.

이것이 믿음 있는 자의 삶이요, 본질이다. 교회, 성전 마당 터만 밟는다고 믿음 있는 자인가. 마지막 심판은 교회, 성전에서부터 의와 불의의 백성을 가를 것이다. 믿음 있는 자와 믿음 없는 자를 구별할 것이다. 육신 신앙과 영적 진리 신앙을 구분할 것이다. 진리 신앙과 비진리 신앙을 구별할 것이다. 미련한 다섯 처녀와 슬기로운 다섯 처녀를 구별할 것이다.

"거짓 선지자들을 삼가라 양의 옷을 입고 너희에게 나아오나 속에는 노략질하는 이리라… 나더러 주여 주여 하는 자마다 다 천국에 들어갈 것이 아니요 다만 하늘에 계신 내 아버지의 뜻대로 행하는 자라야 들어가리라 그날에 많은 사람이 나더러 이르되 주여 주여 우리가 주의 이름으로 선지자 노릇하며 주의 이름으로 귀신을 쫓아내며 주의 이름으로 많은 권능을 행하지 아니하였나이까 하리니 그때에 내가 그들에게 밝히 말하되 불법을 행하는 자들아 내게서 떠나가라 하리라" (마 7:15~23)

"사랑하는 자들아 영을 다 믿지 말고 오직 영들이 하나님께 속하였나 분별하라 많은 거짓 선지자가 세상에 나왔음이라 이로써 너희가 하나님의 영을 알지니 곧 예수 그리스도께서 육체로 오신 것을 시인하는 영마다 하나님께 속한 것이요 예수를 시인하지 아니하는 영마다 하나님께 속한 것이 아니니 이것이 곧 적그리스도의 영이니라 오리라 한 말을 너희가 들었거니와 지금 벌써 세상에 있느니라"(요일 4:1~3)

귀 있는 자는 성령이 교회들에게 하시는 말씀을 들을지어다.

표적을 바라는 자 무엇이 표적인가. 이 세대가 표적을 바라나 요나의 표적 외에 보여줄 표적이 없다고 주님이 말씀하셨다.
무슨 의미인가. 바다에 던져져 물고기 뱃속에 있다 살아난 표면적 이적만을 보는가. 그가 복음 전파를 등졌던 삶에서 회개하고 복음 전파를 위해 돌이킬 때 니느웨성이 구원받은 역사가 표적이다.

영을 다 믿지 말라고 하였다. 교회 강단에서 흘러나오는 영마다 이것이 미혹하는 육신의 영인지, 아니면 부활과 변화의 진리 믿음을 강조하는 진리의 영인지 시험하고 분별하라는 것이다. 무턱대고 따라가다가는 멸망으로 함께 갈 뿐이다.

부활의 신앙과 변화의 신앙, 성령의 아홉 가지 열매로 나타남이 진정한 표적이다. 우리 삶 가운데 사랑, 희락, 화평, 자비, 양선, 온유, 절제, 충성, 오래 참음 이런 하나님의 성품을 이뤄야 한다. 진실로 성령의 열매를 맺는 자가 주님 다시 오실 때 첫째 부활에 참여할 것이다.

4. 종말론 4대 학설에 대하여

현재 한국교회에는 각양각색의 종말론이 난무하고 있다. 그러다 보니 교회가 종말론을 주장하는 자들에 대해 아주 예민해 있고, 이단이 아닌가 하며 주시하고들 있다. 그러한 가운데 종말론을 주장하면 또 주장하다가 사회에 큰 혼란만 주고 사라지겠지, 아마도 이단 세력 중에 하나일 것이야 하며 치부해 버리기도 한다. 이런 흐름이다 보니 아예 종말론에 대해서는 덮어둔 채 간과해 버리는 교회들도 부지기수다.

이런 현상이 긍정적일까. "소 잃고 외양간 고친다"는 속담에 비할까. 해결하기 난해한 조직신학적 과제인 종말론 문제에 그렇다고 둔감함은 하나님의 말씀을 제하는 격이기 때문에 이 또한 큰 문제가 아닐 수 없다.

필자의 목회관에 있어서 뿐만 아니라 대부분의 목회자를 포함하여 신학자의 관심은 조직신학 부분 중 마지막 종말론이 가장 중요한 부분이라는 사실에 공감한다. 그리고 교회시대가 마지막으로 해결해야만 할 신학 이론이라는 사실이다. 이는 종말론은 기독교 역사, 곧 교회 역사의 마지막 결정적으로 하나님의 구원역사를 완성하는 결정이론이기도 하기 때문이다.

목회자든 아니면 대학 강단에 신학자든 신도이든 구분 없이 종말론에 대한 가장 성경 중심적인 종말론적 견해를 갖는다는 것은 그들의 신앙의 전부를 맡기는 일과도 같다. 언급하자니 자칫 이단 사상이란 논쟁에 휘말릴 수도 있고, 무시하자니 신학자의 양심적 문제도 있기 때문에 모두가 쉽게 접근하기를 주저한다.

종말론은 특히 교회시대에서 현재 진행형이며 전에도 항상 진행형이었다.

기독교 역사상 최대 미해결 과제이자 언젠가는 인류 역사 무대에서, 무엇보다 교회시대 무대에서 반드시 기독교인의 운명을 결정짓는 결정적인 신학 과제이다. 그리고 성경에 예언된 모든 징조들은 반드시 영적으로든 표면적으로든 이루어질 하나님의 계시이자 말씀이다.

종말론에 대한 학설은 학자들의 다양한 견해만큼이나 다양하다. 다양한 학설이 난무하다 보니 많은 교회가 일관된 메시지를 전할 수가 없는 상황이다. 더 나아가 교주주의 종말론을 주장하는 자들이 출현하여 사회와 교회를 대혼란에 빠뜨린 사례들이 혼란을 더 부추이기도 하였다.

위와 같은 현상과 영적 흐름이 오랜 세월 지속되다 보니 많은 교회가 종말론 신학 과제에서 잠시 유보적 태도를 취하는 입장이다. 한편으로는 한국교회가 이런 종말 이론의 언급을 비중 있게 다루지 않는 입장이기도 하다.

기복주의, 율법주의로 영적 개혁의 대상이 되어야 할 자칭 전통이라고 주장하는 현대교회와 교단신학은 종말론에 대하여 외부적으로나 내부적으로 상호 지리멸렬한 아전인수격 신학적 비판을 쏟아내고 있다. 그리고 자기 견해에 맞지 않는다면 상대에 대해 저주하리만큼 이단으로 정죄하듯 판단하고 있다.

위와 같은 교회와 신학계의 다양한 종말신학 이론의 주장은 교회 영적 건강에 부정적 영향을 주기도 하지만, 그러나 반대로 교회가 종말론적 신학 이론에 비성경적 학설에도 대응할 수 있는 자신감이 서 있지 않다는 증거이기도 하다. 그만큼 기득권의 교회와 교단신학도 정치화, 교권주의, 율법주의화 되어 종말신학에 대해 무감각해져 가고 있는 영적 흐름임을 한 측면에서 읽을 수 있다는 영적 현실이다.

한국교회는 중세 종교개혁 이후 오백여 년, 청교도 역사 이후 또 한 번 최대의 종교개혁 과정을 통해 21세기 새로운 천년 시대를 이끌 영원한 복음의 신학사상을 선도할 사명이 있는 촛대교회이다. 이 사명을 감당하기 위해, 또한 오늘날 각양각색의 종말론이 가져다준 미궁 속에서 그 해결책을 찾아야 할 영적 사명이 있다 하겠다. 그리고 이를 해결하려고 애쓰고 있는 것, 또한 분명한 사실이다.

종말신학 이론에 대한 학설이 다양함은 인간의 입장이지 하나님 입장에서는 아니다. 그렇기 때문에 오늘날 목회자 및 신학자들은 순교와 산 순교의 정신과 삶으로 피와 땀을 쏟아내어 하나님의 뜻에 가장 합당한 종말신학에 접근하기 위해 최선을 다해야 할 것이다.

심히 안타까운 것은 이와 같이 막중한 영적 사명을 가진 종교 지도층이 필자가 보기엔 종말신학 이론에 오히려 둔감하다는 느낌이다. 필자만의 잘못된 느낌과 판단일까.

예로서 어느 신학자나 대교회 OOO 아무개 목사가 종말론을 강해한다고 하였을 때 많은 목회자들이, 신도들이 자기 주체성이 없이 그냥 관심 밖이거나 아니면 그의 주장을 듣고자 무리 지어 몰려가는 현상이 한국교회는 과거나 지금이나 비일비재하기 때문이다.

과거 선지자들의 메시지처럼, 초대교회의 사도행전 역사처럼 불구덩이에 던져져도, 사자 굴에 떨어져도, 뺨을 맞고 채찍으로 맞아 온몸 머리에서 발끝까지 피로 물들어도 하나님의 말씀을 증거 하였던 것처럼 오늘의 교회 역사에서는 그와 같은 '광야의 외침을 기대한다'라는 것은 힘든 일일까.

광야의 외침을 가졌던 그들이 상대했던 대상은 누구였던가. 바로 하나님의 율법을 섬긴다는 이스라엘을 향하여, 유다를 향하여, 가톨릭교회를 향하여

전하였던 것 아닌가. 믿는다는 세력이 오히려 선지자들의 피를 흘린 것 아닌가. 그들을 향해 두려움 없이 외쳤던 이런 과거의 선지자 및 사도들의 역사가 오늘날 교회에서는 재현될 수 없을까. 그리고 많은 교회가 영적 무감각에 빠지다보니 대부분의 교회는 적그리스도 신앙 영역에서는 예외라는 인식이 만연되어있다. 이런 교회 모습인 가건적 교회가 과연 심판에서 예외될 수 있을까 생각하지 않을 수 없게 한다. 교회의 무오성에 빠진 중세 가톨릭은 역사적 종교개혁으로 심판대에 세워졌다. 가톨릭의 영적 심판은 역사무대에서 분명히 이루어졌음을 보아왔음에도 오늘의 교회는 가톨릭의 오류를 재현하고 있다고 생각을 왜 못하는 것일까.

성경 말씀에 근거하여 오늘의 교회도 하나님을 경외하는 신앙과 정의, 공의가 왜곡된다면 교회 자체가 적그리스도의 본질이 된다고 필자는 감히 주장한다. 어찌하여 적그리스도의 정체를, 거짓 선지자의 정체를 표면화된 세대주의적 관점에서 이단가들에게서만 찾고 이미 심판당한 가톨릭 교황과 미국, 심지어 공산주의 세력 등 구 종교 세력과 국가, 그리고 정치 이념적 사상인 교회 밖 세력으로 그 대상과 의미를 두는가.

이미 한국교회는 이런 통념화된 세대주의적 사고가 왜곡 인식화 되어 있다. 한국교회는 영적 대환란에 이미 깊이 진입한 것으로 필자는 판단한다.

때와 징조에 대해 제자들에게 말씀하셨던 주의 말씀(마태복음 24장 중심)을 근거로 오늘날 현대교회의 영적 현실을 보면 요한계시록의 상황과 전혀 부관하지만은 않다는 영적 판단이다.

종말론 학설을 언급하기 전에 몇 가지 생각해야만 할 과제를 제시해 보고자 한다.

"...너희가 사람의 미혹을 받지 않도록 주의하라" (마 24:4)

종말의 징조를 묻는 제자들에게 주님은 이 말씀을 먼저 언급하셨다.

필자의 견해로 이 말씀의 의미는 오늘날 현대교회 앞에 표면적으로 등장했던 이단 세력만을 지칭하는 것은 아니다. 예수님은 오히려 기득권 정통주의 세력에 빠진 유대교 전체를 대상으로 하였다. 많은 사람이 내 이름으로 와서 너희를 미혹할 것이다 하였다.

교회시대에서 주님의 이름으로 설교한다지만 영으로 진리를 왜곡하는 것은 가장 큰 미혹의 정체이다. 많은 사람을 미혹하는 정체, 즉 제2의 율법주의 유대교 정체, 그 대상은 어디일까. 이는 진리가 왜곡된 현대교회 전체를 아우른다는 필자의 주장이다.

"난리와 난리 소문을 듣겠으나 너희는 삼가 두려워 말라 이런 일이 있어야 하되 끝은 아직 아니니라 민족이 민족을, 나라가 나라를 대적하여 일어나겠고 처처에 기근과 지진이 있으리니 이 모든 것이 재난의 시작이니라 그때에 사람들이 너희를 환난에 넘겨주겠으며 너희를 죽이리니 너희가 내 이름을 위하여 모든 민족에게 미움을 받으리라" (마 24:6~9)

많은 사람이 교회에 출석하기만 하여도 그리스도인이라 이해하고 자처한다. 이 말씀을 문자적으로 해석할 때는 '교회무오성'이란 심각한 오류에 떨어질 수 있는 부분이다. 교회에 나가면 모두 그리스도인이라고 주장하는 해석의 오류가 나오기 때문이다. 교회에 나가기만 하면 모두가 진리믿음을 가진 그리스도인인가. 오늘날 교회는 영적으로 왜곡되어도 너무 많이 왜곡되어 있는 영적 실상이다.

예를 들어보자. 인류 역사 시간을 6천 년으로 단정 짓는 세대주의 전천년설 종말론자들은 문자적 해석에 치우친 결과 2000년 주님 재림시기를 정하고 성경을 억지로 꿰맞춘 사례이다. 그들은 1988올림픽이 진행되던 시기 전후로 주님이 재림한다고 주장하였다. 교회는 휴거될 것이며 육적 이스라엘 민족의 마지막 요한계시록 구원역사가 전개된다고 주장했다. 이때 자신들이 속한 교회는 환난을 당하지 않고 휴거된다는 가견교회의 무오성을 주장한 사례가 바로 이에 해당한다.

이 시간이 지나가자 민망했던지 세대주의 종말 사상가들은 계속해서 변형된 종말 사상을 본인들 취향에 맞게 주장하고 있는 실정이다. 그리고 대부분의 교회와 자칭 성직자 세계는 아니면 말고 식의 수수방관하며 관망하는 흐름이다.

세대주의 종말론자들은 최근까지 아니 현재도 별의별 파행적 종말론을 주장하여 한국교회의 영적 혼란을 가중시키고 있으며, 사회를 혼란하게 함은 물론 일반인들이 교회 전체를 매도하는 지탄에 대상으로 몰아가는데 영향을 주고 있다. 그리고 교회 안이든 밖이든 피곤하고 지치게 만들어 오히려 교회의 순기능적 복음 사역을 훼방하는 결과를 낳게 하고 있는 것이다.

성경 말씀에 문자적 해석에 영적 의미를 포함한다면 환난의 배경이 되는 세력은 바로 교회 그 자체가 된다는 생각은 왜 해 볼 수 없는 것일까. 가견교회는 그렇게도 완전한가.

　육신주의 신앙으로 인해 영적인 권위가 사라진 교회는 영적 말씀의 기근이 도래한 것이며, 그런 교회 신자들의 마음이 제 욕심에 이끌리어 이리저리 갈라지는 것은 영적 지진과 난리의 현상으로 왜 해석되지 못할까. 오늘날 교회는 영적으로 이미 기울일 대로 다 기울었는데 교회당주의 세력은 점도 흠도 없이 하나님 앞에 완벽한 것으로 착각들 하고 있다.

　일부 현대교회가 이 모습을 표면적으로는 '그렇지 한국교회가 지금 영적으로 무기력하긴 하지' 하고 수용하면서도 '자신은 아니다', '내가 속한 교회는 절대로 그런 모습에 해당되지 않는다' 하며 일시적 자위할 뿐이다.

　　"...멸망의 가증한 것이 거룩한 곳에 선 것을 보거든..." (마 24:15~21)

주님이 언급한 말씀의 의미는 "멸망의 가증한 것이 거룩한 곳에 선다" 하였는데 그렇다면 거룩한 곳은 도대체 어디인가. 교회당에서 말씀이 선포되는 강단이 아닌가. 성전이 아닌가. 이 멸망의 가증한 것이 분명 성전에 선다는 것을 주님은 분명히 말씀하고 있다. 자신들이 진리의 목회자가 아니면 멸망의 가증한 것이 될 수도 있다는 이 사실은 왜 애써 왜면하고 모르는 척 하는가.

　이같은 사실은 전혀 생각하지 못하고 어찌 교주주의에 대한 비판으로만 몰아가는가. 기독교 정신이 왜곡될 때 국가 문화적으로 쇠퇴한 미국 등, 그리고 이미 심판받은 가톨릭 교황 등으로 적그리스도나 거짓 선지자 대상을 찾는지 아무리 초보적 성경 지식이라 할지라도 불가사의한 성경해석 접근법이라 아니할 수가 없다.

멸망의 가증한 것은 분명 거짓 선지자, 적그리스도, 음녀요, 사망/사탄의 영이 임한 자들이다. 그리고 이들은 교회 밖에서 나타나는 것이 아니라 교회 안에서 배도함으로 나타난다. 그런데 어찌 교회 밖 정치 세력과 현상으로 주장하는지 알 수 없는 영적 현실이다. 그만큼 오늘의 교회가 영적으로 이미 큰 영적 환난 소용돌이에 진입하였음을 의미하기도 한다.

"피조물들의 고대하는 바는 하나님의 아들들의 나타나는 것이니 피조물이 허무한데 굴복하는 것은 자기 뜻이 아니요 오직 굴복케 하시는 이로 말미암음이니라 그 바라는 것은 피조물의 썩어짐에 종노릇 한 데서 해방되어 하나님의 자녀들의 영광에 자유에 이르는 것이니라"(롬 8:19~21)

지금의 인류 역사는 하나님께서 과거 신비로움의 모습을 벗으시고 그의 장막을 인간 역사 가운데 진리의 신앙으로 승리한 아들들에게 옮기실 때이다.
성도들이 예수 그리스도의 왜곡되지 않는 진리의 신앙으로 승리하는 것이 주님 재림역사의 정점이다. 이 역사를 이루시기 위해 하나님은 자연계시를 통해, 선지자들을 통한 특별계시를 통해, 더 나아가 친히 예수 그리스도로 독생 하시어 성문계시 시대를, 교회시대를 통해 계시 문화를 꽃피웠다. 아울러 지금은 인간의 인권문화 의식도 최고 절정기를 향해 나아가고 있다. 이와 같은 시기에 많은 목회자들이 구 가톨릭 모습이었던 율법, 교권주의로 나아가는 모습은 돌이킬 수 없는 심판의 대상이 될 뿐임을 분명히 알아야 할 것이다.

성문계시 시대에서 인간은 하나님의 본질적 지식에 이르는 구원의 길을 모든 믿음 중인들의 결합체인 예수 그리스도의 십자가의 죽음과 부활로 확증되었음을 믿는다.

과거 심판의 대상이 되었던 이스라엘 및 유대주의, 중세 가톨릭의 암울했던 하나님의 공의와 정의를 왜곡하는 육신 신앙으로 빠져들어 갔었던 역사적 사실을 현대교회는 부인할 수 없다.

이스라엘 역사가 순종과 불순종의 역사를 반복하듯 어느 시대를 막론하고 순종과 불순종의 역사를 반복한 것이다. 종교개혁의 역사도 그 과정의 하나이다. 이런 교회 역사를 토대로 형성된 현대교회임에도 불구하고 오늘날 개신교의 많은 교회들이 현재에도 진리 신앙을 왜곡하는 순종과 불순종의 역사를 반복하고 있다는 사실에 왜 애써 망각하고 인정하려 들지 않는가. 이 점은 그리스도의 출현을 인정하면서도 예수 그리스도를 십자가 죽음으로 몰고 간 유대주의자들처럼 오늘 날의 교회도 주님 재림 역사 앞에 또 진리의 주님을 왜곡하는 현대판 제2의 유대주의, 영적 어두운 교회의 모습으로 재현될 것이다.

성문계시 시대에는 과거 이스라엘의 족장 시대처럼, 그리고 선지자 시대처럼 특별계시로 하나님이 나타난다는 것은 극히 제한적이라 할 수 있다. 왜냐하면 예수 그리스도를 포함하여 모든 믿음의 증인들의 삶을 기록으로 현대에 전하기 때문이다. 하나님이 친히 육신의 몸으로 독생 하시어 예수 그리스도의 십자가 죽음과 부활을 통해 계시를 완성하였기 때문이다. 하나님은 모든 계시와 예언을 인간에게 성문계시로 다 알아갈 수 있도록 하신 것이다.

아직도 예수 그리스도 이전에 나타난 자연, 특별 계시를 추구하는 것은 과거지향적이며 초등학문적 신앙으로 안타까운 현상이라 아니할 수 없다. 물론 지금 하나님이 필요하시다면 특별계시로 임할 수 있지만, 보편적 특별계시 시대는 분명 아니라는 것이다.

 인류 최고 문명 중 하나인 성문계시까지 성취되었음에도 오늘날 인간이 진리 신앙(부활체/변화체=순교신앙과 산 순교신앙)으로 나오지 못하는 이는 모두 마지막 날에 심판의 대상이 될 것이란 필자의 견해이다. 반대로 이런 의미에서 교회 시대는 성문 계시 시대의 꽃이요 무대라 할 수 있다.
 오늘의 현대교회 특히 세계교회사 현주소인 한국교회는 많은 교회의 영적 문제를 안고 있지만 이를 해결해야만 할 영적 촛대의 사명을 짊어진 상황이라 할 수 있다.

> "…주여 주여 하는 자마다 다 천국에 들어갈 것이 아니요 다만 하늘에 계신 내 아버지의 뜻대로 행하는 자라야 들어가리라 그날에 많은 사람이 나더러 이르되 주여 주여 우리가 주의 이름으로 선지자 노릇 하며 주의 이름으로 귀신을 쫓아내며 주의 이름으로 많은 권능을 행하지 아니하였나이까 하리니 그때에 내가 그들에게 밝히 말하되 내가 너희를 도무지 알지 못하니 불법을 행하는 자들아 내게서 떠나가라 하리라" (마 7:21~23)

 종말론의 핵심이라 할 수 있는 '천년왕국'에 대한 이론을 살펴보고, 성경 해석상 기본적인 중요한 요소들을 설명함으로 성경 중심의 종말론에 접근하고자 한다.

 천년왕국 이론에는 역사적으로 이루어질 예수 그리스도의 재림시기를 기준으로 하여 크게 3개 학설이 있고, 인간의 역사시대 구분에 따라 4개 학설까지 분류할 수 있다. 본서에는 두 가지 관점을 다 포함하여 4개 학설을 중심으로 언급하고자 한다.

즉, 역사적 전천년기설, 세대주의 전천년기설, 후천년기설, 무천년기설의 4개의 이론이다.

첫 번째 역사적 전천년기설이다.

기본적 성경해석의 방식은 문자적 해석이다. 전천년기설 이론을 뒷받침하는 성경구절은 요한계시록을 근거로 한다.

"또 내가 보좌들을 보니 거기에 앉은 자들이 있어 심판하는 권세를 받았더라 또 내가 보니 예수를 증언함과 하나님의 말씀 때문에 목 베임을 당한 자들의 영혼들과 또 짐승과 그의 우상에게 경배하지 아니하고 그들의 이마와 손에 그의 표를 받지 아니한 자들이 살아서 그리스도와 더불어 천년동안 왕노릇하니 (그 나머지 죽은 자들은 그 천년이 차기까지 살지 못하더라) 이는 첫째 부활이라 이 첫째 부활에 참여하는 자들은 복이 있고 거룩하도다. 둘째 사망이 그들을 다스리는 권세가 없고 도리어 그들이 하나님과 그리스도의 제사장이 되어 천년동안 그리스도와 더불어 왕노릇하리라"(계 20:4~6)

역사적 전천년기설 입장은 요한계시록에 언급된 환난기의 사건들을 이방세계에서 돌아오는 표면적 이스라엘 민족으로 본다. 때문에 현대 교회와의 관계성 적용에서 답을 찾지 못하거나 해결책을 찾기 어려워한다.

필자의 입장은 요한계시록뿐만 아니라 성경을 전체적으로 문자적 해석에 중점을 두는 입장은 가장 큰 오류에 해당된다고 본다.

필자의 견해는 역사적 전천년기설 입장에 가깝다. 역사적 전천년기설에 동감하나 문자적 해석중심은 오류라 여긴다. 문자적 해석보다, 상징적 해석은 성경해석에 있어서 언제든지 상위개념의 지위를 유지하여 왔다. 표면적 이스라엘을 언급함은 이미 지나간 구속사적 관점이며, 세대주의 관점과 크게 다를 바 없기 때문이다.

요한계시록에 언급된 모든 환난기 사건과 풀어져야 할 과제들은 영적 이스라엘의 대상이라 할 수 있는 오늘날 현대교회가 풀어야 할 과제요, 앞으로 직면할 영적 사건들이다. 즉 현대교회를 대상으로 한다는 분명한 사실이다.

역사적 전천년기설에서 필자가 주장하는 것은 교회의 환난기(역사적 전천년기설의 환난기에 대한 해석 입장은 교회와 세상 권력으로부터 오는 환난을 대상으로 해석하여 짐승과 우상을 환난의 본질로 여김, 세대주의 전천년기설은 교회의 내적 환난은 도외시하며 세상 권력으로 오는 환난의 정체를 짐승과 우상으로 여김으로 두 이론이 유사성을 가짐)에서 짐승과 우상에게 표를 받거나 경배하지 아니한 예수 그리스도의 증인된 삶과 하나님의 말씀으로 인하여 목 베임을 받은 남은 자, 곧 육신주의 신앙이 아닌 진리 믿음으로 승리한 자들이 주의 재림과 함께 부활, 변화체 되어 주와 함께 천년왕국 시대를 맞이한다는 견해이다.

천년왕국 시대는 첫째 부활에 참여한 자들의 중심세계이다. 그리스도와 더불어 왕 노릇하는 시대가 천년시대이다. 백 보좌 심판에 앞에서는 천년 동안 무저갱에 갇힌 사탄이 그 옥에서 풀려나와 천년시대의 인류, 곡과 마곡을 미혹하나 이내 하늘에서 내려 온 불에 의해 소멸되고 만다. 그리고 백 보좌 심판이 진행되는데 이때 각인은 낙원과 음부에서 살아생전 믿음의 행적에 따라 생명의 부활로, 사망의 부활로 부활되어 백 보좌 심판대에 서는 것이다.

현대교회 역사가 당면한 영적 사건은 첫째 부활, 곧 예수 그리스도의 재림 사건이다. 첫째 부활에 참여할 자는 순교자 및 마지막 교회 환난기에 육신주의 믿음으로 전락하지 않고 진리 믿음으로, 변화체로 승리한 자, 곧 희고 깨끗한 세마포로, 예수 그리스도의 진리 믿음으로 승리한 자들이다.

유대주의자들이 진리를 받아들이지 못해 사도들을 통해 열린 교회시대에서 도태 되었듯이 오늘날 육신주의 신앙인들에게 천년시대, 첫째 부활의 영광은 없다. 그들은 백 보좌 심판에 이르러 사망의 부활이든 생명의 부활이든 천년시대 끝에 가서 그들 각자 믿음의 행적을 따라 부활되는 것이다.

첫째 부활에 참여한 자들은 주님 보좌 우편에 함께하는 자들이다. 입으로만 시인하고 믿는다 하여 다 첫째 부활에 참여하는 것은 결코 아니다. 순교 성도와 예수 그리스도의 진리 신앙으로 자신의 삶을 변화한 자들이 참여하는 것이다. 비손강에 속한 자들이다.

나머지는 모두 음부와 낙원으로 천년시대까지 남아 있으며, 백 보좌 심판에 가서야 생명의 부활을 한 자는 천국인 진리세계로, 사망의 부활을 한 자는 영원한 지옥으로 분류되는 것이다.

두 번째 세대주의 전천년기설이다.

기본적 성경해석의 방식은 문자적 해석이 중심이며 세대주의 전천년기설을 뒷받침하는 성경 구절은 역사적 전천년기설과 같다.

　세대주의 전천기설은 비교적 최근에 발생한 학설로 신학적 체계는 존 넬슨 다비(John Nelson Darby, 1800~1882)에 의해서 시작되었다.

　세대주의 전천년기설은 종말론 접근법에서 가장 쉽게 접근할 수 있는 이론 중 하나이다. 그러나 이 이론이 현대교회에 몰고 온 파장은 너무나 컸다. 대부분 이단 교주들의 세력들이 이에 해당한다. 그리고 시간이 지나 오류가 나타나면 쉽게 변경하여 해석을 하기도 한다.

　세대주의 입장은 역사적 전천년기설과 달리 구체적으로 예수 그리스도의 재림을 공중과 지상의 1, 2차 재림으로 나눈다. 문자적으로 해석한 결과이다. 다만 재림하신 이후에는 천년동안 이 땅 위에서 왕 노릇 하실 것이라는 확신은 역사적 전천년기설과 함께 공유하는 이론이다.

　중요한 특징은 예언의 문자적 해석과 계속적인 이스라엘과 교회는 상반되며, 교회는 환난을 겪지 않고 예수 그리스도의 1차 공중 재림에 의해 휴거된다고 주장하는 이론이다.

　여기서 무분별하게 교주들이 등장하게 되는 부분이다. 다만 그들도 대부분의 현대교회를 영적 해석이라 주장하며 도외시하는 점은 눈여겨볼 요소이지만 의미는 전혀 없다.

　최종적으로 일종의 자신들만의 '교회의 절대 무오성'을 주장하는 것이다. 표면적 유대인들에게는 2차 지상 재림을 통해 승리한 교회와 함께 천년시대에 진입한다는 핵심 내용이다.

　이 학설에 의하면 일부 학자마다 견해가 상이하지만 대체로 인류시대를 일곱 시대로 나눈다.

　첫 시대는 무죄 혹은 자유 시대이다. 아담과 하와의 에덴동산에서의 시작과 범죄 함으로 쫓겨나는 시기까지이다(창세기 1장~3장 6절).

　두 번째 시대는 양심시대이다. 가인과 아벨의 드린 제물에 대한 하나님의 평가를 중심으로 노아시대 홍수 심판의 시점까지를 말한다.(창세기 4장~8장 14절)

　세 번째 시대는 인간통치 시대를 가리킨다. 홍수심판 이후 바벨탑 사건으로 진노하신 하나님이 인간의 언어를 혼잡하게 하여 인간을 온 지면에 흩으신 시기를 가리킨다.(창세기 8장 15절~11장 9절)

　네 번째 시대는 구속시대이다. 노아의 아들 중 셈의 계보를 통한 이어지는 족장시대로부터 이스라엘 백성이 출애굽 하여 광야생활을 시작하는 시점까지를 말한다.(창세기 11장 10절~출애굽기 18장 27절)

　다섯 번째 시대는 율법시대이다. 이스라엘 백성이 시내광야에서의 장막을 친 시기부터 예수 그리스도의 부활 승천 후 오순절 성령체험 역사 이전까지의 시기를 말한다(출애굽기 19장~사도행전 1장).

　여섯 번째 시대는 은혜시대로 교회시대, 성령시대를 말하며 예수 그리스도의 재림역사 이전까지를 말한다(사도행전 2장~요한계시록 19장).

　이 부분에서 중요한 점은 요한계시록에 언급된 역사는 표면적 유대인 즉 이스라엘로 문자적 해석에 치우쳐 국한하고 있으며, 이방인 교회는 1차 공중 재림시 휴거되므로 요한계시록에서 언급되는 환란과는 무관하다는 이론이다.

　마지막 일곱 번째 시대는 종말 신학의 핵심인 천년왕국 시대이다. 예수 그리스도 재림 이후 펼쳐질 지상 왕국 천년시대를 가리킨다(요한계시록 20장).

　또 다른 관점은 인류 역사를 6천 년 역사로 보는 견해이다. 첫 2천 년 시기는 아담에서 아브라함에 이르는 한 시기, 두 번째 아브라함에서 예수 그리스도 초림까지의 2천년, 그리고 마지막 예수 그리스도 초림 이후 재림 시기까지 약 2천 년 단위로 나누고, 천년시대로 진입하는 견해이다. 2천 년 전후 예수 그리스도가 재림한다며 등장했던 종말론자들이 대부분 이 세대주의 전천년기설에 영향을 받은 자들이다.

최근까지 발생하고 있는 일부 교주주의에 전락되어 등장한 종말론을 주장하는 자들은 세대주의적 성경해석에 자의적 영적 해석을 더하는 오류를 범한 사례로 세대주의의 파행적 분파주의 사례라 볼 수 있다.

세 번째 후천년기설이다.

기본적 성경해석의 방식은 영적 즉 상징적 해석이 중심이다. 모든 성경 말씀을 상징적으로 해석하는데 배경을 두고 있으며, 하나님의 나라는 예수 그리스도의 복음의 전파와 각 개인들의 마음속에서 역사하시는 성령의 구원 사역을 통하여 지금 확장되고 있고, 그 결과 세계는 마침내 기독교화 될 것이며, 그리스도의 재림은 소위 '천년왕국'이라 불리는 의와 평화의 긴 한 시대의 말기에 있을 것이라고 주장한다.

네 번째 무천년기설이다.

기본적 성경해석의 방식은 후천년기설과 같이 영적 즉 상징적 해석이 중심이다. 결정적 핵심이론은 요한계시록 20장에서 언급되는 천년왕국설은 상징적 의미의 표현이지 예수 그리스도 재림 전후에 인간이 생각하는 숫자적 의미에서의 천년왕국을 말하지 않는다는 주장이다.

무천년기설은 미래의 영화로움과 완전한 왕국이 장차 올 새 삶의 새 땅 위에 건설되리라는 것을 바라보면서도 동시에 하나님의 왕국은 승리하신 그리스도가 말씀과 성령으로 자기 백성들을 통치하심으로써 지금 이 지상 속에서 나타내고 있다는 실현된 천년기론 입장이다.

예수 그리스도의 왕국은 영원한 왕국으로 제시되었으며 시간적인 것으로 묘사되지는 않았다는 성경 해석적 견해를 갖는다. 다시 말해서 천년왕국, 즉 그리스도의 지상 통치는 전혀 없을 것이라는 견해로 재림 직후에 바로 최후의 대심판인 백 보좌 심판이 있을 것이며, 그 즉시 의인들과 악인들은 최후의 상태로 들어간다는 종말론이다.

이상이 종말론의 중심 학설이 되는 천년왕국에 대한 대표적인 4개 학설로 요약해 보았다.

성경해석 방법에 있어 종합하여 볼 때 종교개혁 당시 기존 가톨릭의 '화체설'에 대한 찬반 이론이 극심했던 종교개혁자들 사이, 특히 루터와 쯔빙글리의 신학적 논쟁 대립에서 볼 수 있는 예를 소개하고자 한다.

루터는 성찬식의 떡과 포도주가 예수 그리스도의 살과 피로 변한다는 구 가톨릭이 주장하는 '화체설'을 수용하는 입장이었고, 쯔빙글리는 단순히 떡과 포도주이지 어떻게 주님의 살과 피로 변할 수 있느냐 하는 것이 논쟁의 핵심이었다.

중재적 차원에서 칼빈은 가톨릭의 '화체설'이 문제가 있다고 보면서 영적 의미를 부여하지 않을 수 없었다. 그리하여 나온 성만찬 의식을 그 후 그가 주장한 '영적임재설'이 교회시대에 받아들여져 오늘날까지 주류가 된다. 이와 같이 성경의 영적, 문자적 해석을 동시 중요시했던 칼빈과 칼빈주의 개혁주의 노선을 동조하는 학자들이 후대에 이르기까지 대체로 역사적 전천기년설에 동조하는 경향을 보여 왔다.

그러나 전천년기설 신학자들은 결과적으로 대부분 문자적 성경해석에 강조점을 둔다. 이를 기초로 과거 및 미래적 그리고 교회 역사적 해석 방법을 취하고 있는 것이다. 문자적으로 해석하는 중심적 견해이기 때문에 사도 요한을 통해 계시된 요한계시록의 예언을 교회와 표면적 이스라엘과의 관계성에서 답을 찾지 못하고 있는 상황이다.

전천년기설 중 세대주의 입장은 앞서 언급하였듯이 19세기 후반기부터 세계사 사건을 중심으로 성경을 문자적으로 해석한 학설들이라 하겠다.

그리고 초기 세대주의 전천기년설을 주장하는 학자들은 요한계시록 4장부터 21장까지 교회의 직접적인 명시가 없다 하여 휴거이론을 도출한다. 그리고 결정적으로 이 학설은 정통 교단신학이 이단으로 규정한 20세기 말에서부터 21세기 초반까지 난무하는 세대주의 종말론을 주장한 학설에 이론적 배경이 되기도 하였다.

20세기 말에 상당히 공격적으로 등장한 종말주의자들 대부분은 자의적인 성경의 상징적 해석을 부여한 시대적 세대 구분에는 변화 없는 세대주의 전천년기설에 해당된다.

예로서 특히 한국 사회에서 1988년 서울올림픽을 기점으로 예수 그리스도의 재림을 주장한 자들과 21세초 현재까지 예수 그리스도의 재림을 상징적인 의미에 영적 해석을 첨가하여 자신의 몸을 빌려 재림한다는 대부분의 교주주의 종말론을 주장하는 자들이 이에 해당된다 하겠다.

학설별 성경해석의 기본적인 입장을 언급하였지만 후천년기설과 무천년기설을 신구약 성경의 대부분이 의문의 여지 없이 비유적이고 상징적인 언어로 주어졌음을 염두에 두면서 상징적인 해석 방법을 택한다. 이와 같이 학설별 해석의 관점이 다르다 보니 동조하는 신학 노선에 따라 오늘날 현대교회는 조직신학 부문 중 특히 종말론 논쟁에서 사상 유래 없는 혼란기를 맞이하고 있다 하겠다.

대체적으로 보수주의 정통교단의 입장은 역사적 전천년기설이다. 그러나 세대주의 전천년기설과 현상학적 교회 갈등의 요소를 교회의 무오성과의 관계를 명확하게 논리적으로 제시하지 못하고 있기 때문에 세대주의와 무천년기설 주장이론에 비판을 받는다.

전천년기설의 대립각을 보이는 특히 후천년기설을 주장하는 학자들은 또한 그리스도의 재림이 천년기 이후에 온다는 즉 전천년기설의 핵심적인 성경적 기반인 요한계시록 20장에 언급된 그리스도의 재림 후 천년시대가 전개됨을 증명해야만 할 신학적 난관에 부딪혀 있다.

무천년기설을 주장하는 학자들 세계에서는 주목할 만한 점이 적그리스도의 대상을 전천년기설의 동조하는 일부 학자들을 포함하여 많은 신학자와 목회현장에서는 가톨릭 로마 교황을 지목하는 경우가 의외로 많다.

나름대로의 성경적 배경 및 역사적 판단이겠지만 필자가 우려하는 것은 현대교회도 과거와 같이 교회의 무오성이란 오류에 빠질 수 있다는 점이다. 이는 중세 가톨릭 교회가 '교회무오성' 굴레에서 벗어나지 못할 때 역사적 종교개혁으로 영적 심판을 받았던 것과 같이 오늘의 교회도 이러한 과오를 반복할 우려가 있다는 점을 간과해서는 안 된다는 견해이다.

 필자의 견해로 볼 때 가장 안타까운 점은 교회의 무오성이라는 이 한계에서 대부분 현대교회가 초월하지 못하는 상황이 되다 보니 제각기 역사적/세대주의 전천년설, 후천년설, 무천년설 등 어느 학설을 주장하든 상관없이 행위로는 무천년주의에 가장 가까운 신앙 형태를 보인다는 교회의 영적 실상이다.

 각각의 천년기설 이론은 성경 역사의 점진성 면에서 건전한 이론으로 얼마나 수용되고 있는지 가늠해야 할 것이다. 그리고 가장 중요한 것은 그리스도인들에게 부활과 변화라는 진리 믿음을 전제할 때 학설로서 얼마나 예언의 성취과정을 뒷받침하는가를 반드시 고려해야 한다는 점이다.

 성경 전체는 시대마다 계시적 배경을 갖는다. 계시적 의미를 요약한다면 크게 족장시대를 통한 계시, 이어 출애굽을 통한 열방 가운데 이루어진 하나님의 율법을 잘 섬기는 모범적 국가인 이스라엘 민족의 율법계시, 영이시며 말씀이신 하나님이 예수 그리스도로 친히 독생하시어 교회시대를 통한 인류 구원의 역사를 완성하시고자 하는 성문계시로 연계된다.

 역사적 점진성과 확장성을 계시적 차원에서 반드시 고려하고, 영적의미로 부여하며 종말 이론에 접근할 때 오류를 피할 수 있고 줄일 수 있을 것이다.

 세대주의 종말론을 주장하는 학자들과 같이 문자적 해석에 치우쳐 사도 요한이 언급한 예언을 표면적 이스라엘과 교회무오성으로 해석하는 한계를 극복하지 못한다면 이는 성경적 종말신학이라 평가하기는 어려울 것이다. 현대 시대에서 표면적 이스라엘이 성경 역사의 중심이 될 수는 없다. 지금은 분명 복음시대요, 이방인시대요, 교회시대이다. 그리고 성령시대이다. 표면적 이스라엘이 아닌 영적 이스라엘의 시대이다.

아울러 가톨릭교회도 중심이 될 수 없다. 분명한 것은 교회가 영적 이스라엘이라는 사실이다. 현대교회가 영적 혼란기에 있어도 교회가 중심이 될 것이며, 종말론 문제 역시 교회가 풀어가야 할 과제이다.

이는 반대로 교회가 예수 그리스도를 통한 하나님의 진리신앙을 왜곡할 때에는 오히려 적그리스도가 될 것이란 점도 잊어서는 안 된다는 사실이다. 그런데 안타까운 점은 적지 않은 신학자, 특히 목회 현장에서, 많은 신도의 세계에서도 가견적 교회의 무오성에서 탈피하지 못하고 있는 영적 현실이다.

즉 가견적 교회의 무오성에서 초월하지 못하여 오늘날의 현대교회가 적그리스도를 교회 밖의 세력으로 특정하거나 이미 오래전 영적 심판의 대상이 되었던 중세 가톨릭 등으로 지목하는 것은 과거 지향주의적 관점을 보이는 것이라 아니할 수 없다. 그리고 이는 역사의 점진성 면을 고려할 때 바람직하지 않은 접근법의 논리라 하겠다.

성경을 해석함에 있어서 특히 계시적 내용을 해석함에 있어서 문자적 해석의 의미를 축소하려는 필자의 의도는 분명 아니다. 해석의 방향에는 문자적 해석과 동시 상징적 해석이 불가분의 관계성을 갖고 있으며 상징적, 영적 해석은 문자적 해석보다는 계시신학 접근에서는 상위개념이라는 분명한 사실이다.

이런 점을 고려할 때 점진성 이외 주장하고 싶은 또 하나의 견해는 성경 전체는 과거와 현재, 그리고 미래가 연결되는 통시성(通時性)의 원리이다.

예언적 성격의 의미에서 통시성은 성경해석의 가장 중요한 기본원리라 할 수 있다. 성경이 성문화되었다고 과거의 이스라엘 역사와 초대교회 역사로만 적용하는 것은 가장 큰 오류임을 누구나 공감한다.

그런데 누구나 오류임을 인정하면서도 신앙적 삶에 있어서 현대교회는 통시성을 잃어버리고 살아가고 있다는 느낌을 지울 수가 없다. 이스라엘 역사에서 보여준 모든 교훈은 영적 이스라엘이라 할 수 있는 현대교회 가운데 끊임없이 구속의 과정으로 이루어질 사실이라는 점이다.

그리고 영적 의미를 부여할 때 인간에게 있을 하나님의 구속 역사, 곧 성경은 항상 현재 진행형인 것이다.

이러한 점을 고려한다면 세대주의 관점의 성경해석 방법은 통시성이란 요소를 간과하는 가장 큰 오류를 범하고 있다 하겠다.

"만일 그리스도인으로 고난을 받으면 부끄러워하지 말고 도리어 그 이름으로 하나님께 영광을 돌리라 하나님의 집에서 심판을 시작할 때가 되었나니 만일 우리에게 먼저 하면 하나님의 복음을 순종하지 아니하는 자들의 그 마지막이 어떠하며 또 의인이 겨우 구원을 받으면 경건하지 아니한 자와 죄인은 어디에 서리요 그러므로 하나님의 뜻대로 고난을 받는 자들은 또한 선을 행하는 가운데에 그 영혼을 미쁘신 창조주께 의탁할지어다" (벧전 4: 16~19)

종말론에 관한 모든 예언의 말씀은 성경의 통시성 요소를 볼 때 심판의 대상은 분명 성전 심판과 교회 심판을 가리키고 있다. 그렇기에 종말론 문제는 교회 내부에서 풀어가야 한다. '교회휴거론'은 문자적 해석에 치우친 가장 대표적인 통시성을 간과한 사례라 할 수 있다.

현대교회는 '교회에 나오기만 하여도, 마당 터만 밟아도 구원'이란 영적 틀에 고정되어 있지는 않는지 심도 있게 영적 분별력을 가지고 성찰해야 한다.

많은 사람이 이 표현에 물론 공감하지는 않겠지만 실제 율법주의화, 교권주의화 되어 있는 것은 이 한계를 벗어나지 못한 분명한 모습임을 지적하고자 한다.

후천년기론과 무천년기론은 성경의 문자적 해석 측면을 지나치게 간과하여 종말론적 구체적 사건에 대한 대안을 제시하지 못한다. 이는 곧 아무리 자신들이 개혁주의라 주장해도 종국에는 교회무오성을 인정하는 난센스가 되는 사례가 될 것이다.

성경은 천년왕국에 대해서 무천년기설, 후천년기설의 주장과 같이 막연하게 제시하는 것이 아니라 분명히 제시하고 있다.

무천년기론, 후천년기론을 긍정적으로 수용한다 하더라도 천년기가 실현되었거나 먼 미래에 있다는 주장은 새 하늘과 새 땅이 이루어지기 전 하나님과 사탄의 끊임없는 대립 속에서의 인간의 죄성, 그리고 오늘날 교회의 영적 혼란스런 상황과 천년시대 사상에 대하여 분명히 기록하고 있는 성경에 근거하여 답하기 어려운 점이 있다.

"그때에 이리가 어린양과 함께 살며 표범이 어린 염소와 함께 누우며 송아지와 어린 사자와 살찐 짐승이 함께 있어 어린아이에게 끌리며 암소와 곰이 함께 먹으며 그것들의 새끼가 함께 엎드리며 사자가 소처럼 풀을 먹을 것이며 젖 먹는 아이가 독사의 구멍에서 장난하며 젖 뗀 어린아이가 독사의 굴에 손을 넣을 것이라 내 거룩한 산 모든 곳에서 해 됨도 없고 상함도 없을 것이니 이는 물이 바다를 덮음같이 여호와를 아는 지식이 세상에 충만할 것임이니라"(사 11:6~9)

종말 학설에 대해 정리하면서 필자의 의견을 더하고자 한다.

종말론의 가장 중요한 사건은 다시 말해 예수 그리스도 재림역사 이후 전개될 천년시대 기점을 어느 시점으로 볼 것이냐에 있다 하였다. 그 기점을 유추하여 볼 때 적그리스도의 교회를 배경으로 한 등장은 아주 중요한 징조와 기점이 될 것이다. 그리고 예수 그리스도 재림직전에 등장하는 것이 적그리스도의 정체라는 사실이다. 적그리스도를 심판하므로 주의 재림 역사는 이루어지는데 이 적그리스도의 정체를 무엇으로 대상하느냐에 더 중요한 포인트가 있다. 아래 성경 구절은 이 의미를 확실하게 증명한다.

"불법의 비밀이 이미 활동하였으나 지금 막는 자가 있어 그 중에서 옮길 때까지 하리라 그때에 불법한 자가 나타나리니 주 예수께서 그 입의 기운으로 저를 죽이시고 강림하여 나타나심으로 폐하시리라 악한 자의 임함은 사단의 역사를 따라 모든 능력과 표적과 거짓 기적과 불의의 모든 속임으로 멸망하는 자들에게 임하리니 이는 저희가 진리의 사랑을 받지 아니하여 구원함을 얻지 못함이니라 이러므로 하나님이 유혹을 저희 가운데 역사하게 하사 거짓 것을 믿게 하심은 진리를 믿지 않고 불의를 좋아하는 모든 자로 심판을 받게 하려 하심이니라"(살후 2:7~12)

이와 같은 점을 이해한다면 세대주의를 포함하여 무천년주의나 후천년설은 성경적 설득력이 없다. 전천년주의 중 세대주의는 문자적 해석과 교주주의 이단파들의 무분별한 등장과 같은 신학적 오류 현상을 가져왔다. 그렇다면 역시 문자적 해석에 비중을 둔 역사적 전천년주의가 가장 칼빈주의일 수 있다. 그렇지만 역사적 전천년주의의 많은 학자들이 영적 해석의 의미를 배제함으로 세대주의 논리 주장에 방어하지 못하고 있는 현실적인 상황이다.

 이상과 같이 종말신학을 접근하기 위해 성경해석적 관점에서 각 이론을 중심으로 살펴보았는데 다양한 각도에서 필자의 견해를 피력하였지만 선택은 이 글을 읽는 독자의 판단과 그의 신앙적 본질에 대한 심령을 감찰하시는 하나님 선택에 따름뿐이다.
 분명한 사실은 복잡할 것도 없이 내 자신이 스스로 부활과 변화, 순교와 산순교의 진리 신앙으로, 성령의 열매로 나타나지 않으면 적그리스도 신앙에서 제외되고 벗어날 수 없다는 사실이다.

5. 종교개혁시대마다 중심되는 신학적 원리

하나님은 스스로 존재하시며, 인간에게 그 존재하심을 친히 계시를 통해 나타내신다. 그리고 예수 그리스도를 통해 독생하시어 친히 보이셨다. 하나님의 존재를 십자가의 모습으로까지 보이셨음에도 오늘날 교회가 진리를 왜곡한다면 교회는 심판을 피할 수 없다. 하나님을 향한 인간의 신앙이 진심으로 경외하는 모습이 아니라고 판단하시게 되면 언제든지 심판하시는 것이다. 이 심판은 다른 측면에서는 영적 혼란기(환난기), 종교개혁기를 의미한다.

종교개혁 시기에는 새로운 시대에 합당한 신앙 기준을 요구한다. 그 영적인 신앙기준은 인간이 판단할 수 없으며 하나님 입장에서 이뤄진다. 가견적 율법시대의 제사의식과 현대교회의 예배가 다 하나님 보시기에 인정되는 것은 아니다. 하나님은 심령을 감찰하신다. 그 제사하는 자가, 예배하는 자가 진리로 예배하는가를 살피신다. 형식만 예배요, 그 심령이 진리에서 왜곡되면 가중된 것이다.

하나님은 결코 그러한 가중됨을 인정하시지 않고 외면하신다. 제사라 하여, 교회서 드리는 예배라 하여 심판을 벗어나는 절대적인 기준이 될 수는 없다는 것이다. 성경은 수없이 아니 처음부터 끝까지 이를 증명한다. 유대교가 주님으로부터 책망받듯 현대교회도 영적으로 진리의 영에서 왜곡되면 심판에서 제외될 수 없으며 책망받는다는 것이다.

"...순종이 제사보다 낫고..."(삼상 15:22)에서 찾을 수 있듯이 그리스도인들의 전 생애 삶에서 하나님 진리 말씀에 순종함이 얼마나 중요한가를 말해준다. 사울왕은 처음엔 아주 겸손하였다. 그러나 왕이 된 후 하나님 말씀과 경외함에 순종하는 자세에서 왕이라는 권력으로 왜곡하고 사무엘 선지자의 권위를 넘어서는 우를 범했다. 결국 하나님 앞에 교만하고 가식적인 사울왕의 모습은 용인될 수 없었으며, 하나님으로부터 버려진 것이다. 한 민족의 왕 그 말로가 얼마나 비참하였는가.

아담과 하와가 에덴동산에서의 배신함으로 쫓겨난 상황, 노아 시대의 홍수 심판을 당한 자들, 출애굽 과정에서 불순종한 이스라엘 백성에 대한 하나님의 심판, 광야에서의 여호수아와 갈렙 외에 그들은 가나안 땅에 들어가지 못하는 혹독한 심판에 처했다. 사사시대에 이은 왕조국가 형성 이후에도 이스라엘 백성이 하나님 뜻과 멀어질 때 이방 민족을 통해 심판한 역사가 이를 증명하고 있다.

외식화 되고 형식주의, 율법주의화 된 유대교는 예수 그리스도와 그의 제자 사도들에 의해 영적 심판을 받았다. 중세 종교개혁을 통한 가톨릭 교권주의도 심판받았다. 이 모든 것이 제사보다 하나님께 진실로 순종하는 삶이 얼마나 중요함을 증명하고 있는 것이다.

'제사보다 순종이 낫다'라는 사무엘 선지자의 사울 왕을 향한 책망의 말씀은 어느 시대를 막론하고 항상 영적 심판과 종교개혁의 중심 신학 사상에 출발점이 되어 왔다.

앞서 언급하였듯이 종교개혁기에는 반대로 영적 혼란기라 할 수 있다. 이 시기에는 크게 세 가지 신학적 요소가 중심이 되어 진리 신앙이냐 비진리 신앙이냐를 분별할 수 있다. 즉, 할례=세례, 부활론=변화론, 안식일개념=생명의 날 3가지 핵심 주제에 대한 신학적 이론을 근거로 진리와 비진리, 즉 참 신앙과 거짓신앙을 분별하게 되는 영적 분별력을 갖게 한다. 위 세 가지 요소를 통해 과거와 현재, 미래에 대한 현대교회의 지향해야 할 종교개혁적 과제를 정리해 보고자 한다.

첫 번째 주제는 할례 및 세례이다.

과거 할례는 이스라엘 백성에게 있어서 하나님 선민으로서의 절대적 기준이 되었다. 믿음의 조상 아브라함으로 그 기원을 갖는다. 이스라엘 회중에 들어오지 못했던 이방인이 이스라엘 민족에 동화되기 위해 제일 전제 조건이 할례이기도 하였다.

이스라엘이 율법주의로 전락이 된 훗날 이와 같이 유대교 의식에서 불문율이었던 할례는 예수 그리스도, 세례요한, 사도들, 특히 사도 바울에 의해 무용론의 1차 과제로 격렬하게 논쟁의 대상이 되었다. 결국 교회시대가 되어 할례는 새롭게 세례의 의식으로 대체되고 정착되었다.

사도 바울은 육신적 할례가 진정한 할례가 아니라 했다. 마음의 할례가 중요함을 강조하였다. 즉 영적 할례의 중요성을 강조하였던 것이다.

교회시대에서 세례와 성찬 의식은 하나님의 택한 백성으로 행하는 의식 중 가장 중요한 의식이 되어 현재까지 이른다. 유대교의 할례와 같은 의미를 갖는다.

세례는 그리스도의 영이 인간에게 임하는 성령의 역사이다. 교회시대가 제법 흐른 중세까지 세례와 병행되었던 성만찬 의식은 교회의 성스런 의식으로 자리 잡았는데 심지어 중세 가톨릭에선 '화체설'(화체설은 성만찬 의식시 포도주와 떡이 실제로 예수 그리스도의 생리학적 피와 살로 변한다는 설)까지 주장하게 된다. 그만큼 세례, 성찬 의식의 영적 권위를 높이는 데까지 이르렀던 것이다.

종교개혁의 선구자였던 마틴 루터 신부도 종교개혁 이후까지 이 화체설을 부인할 수 없을 정도였다. 이후 또 다른 종교개혁가인 쯔빙글리와 격렬한 신학적 논쟁 후 칼빈에 의해 화체설은 퇴색되고 '성령의 영적임재설'로 그 후 교회시대에 정착하게 된다.

육신적 할례 기준에 표면적으로 당위성을 가졌던 육적 이스라엘은 그리스도를 배척하여 결국 영적 심판대상이 되었고, 할례주의도 도마 위에 올랐던 것이다.

필자는 교회시대에서 가장 중요한 의식 중 하나인 세례도 마지막 때가 되면 퇴색되고 육신적으로 이용되고 남용될 수 있다는 점을 지적하고 싶다. 유대교의 할례가 사도들에 의해 영적 지적을 받았던 것처럼 오늘날 세례 또한 영적 무용론에 직면할 수 있다는 것이다. 아니 이미 많은 육신주의 교회에서 세례의 근본 의미가 퇴색되는 현실이다.

육신주의로 전락되어진 교회에서 문제가 되고 있는 현실이다. 많은 교회에서 교인을 확보하고자 하는 의도에서 무분별하게 세례의식이 남발되는 현상이 그 예라 할 수 있다. 본인들은 아니라 하지만 진리의 영 임재가 없는 세례는 세례가 아니다. 그것은 형식에 불과하다.

진리 없는 교회에서의 세례 의식과 성찬 의식은 아무 의미 없으며 오히려 하나님의 이름을 망령되이 일컬을 뿐이다.

"대저 표면적 유대인이 유대인이 아니요 표면적 육신의 할례가 할례가 아니라 오직 이면적 유대인이 유대인이며 할례는 마음에 할찌니 신령에 있고 의문에 있지 아니한 것이라 그 칭찬이 사람에게서가 아니요 다만 하나님에게서니라"(롬 2:28~29)

육신 유대인들이 이와 같이 책망을 받았다. 교회시대 세례도 마찬가지이다. 표면적 세례가 세례가 아니요 표면적 신자가 신자가 아니다. 이면적 세례는 심령에 할지니 성령의 역사가 임재하면, 즉 그리스도의 사람으로 변화되면 그가 영적 진리의 영으로 세례에 합당한 자이다.

교회 운영에서 한편으론 의식이 필요한 부분도 있겠지만 의식 자체가 심령적인 부분에서까지 지배할 수는 없고 형식화, 외식주의로 흐를 수 있다는 것이다. 그리고 지금의 교회 현상이 대부분 그렇다는 것이다.

두 번째 주제는 부활론이다.

사도 바울은 예루살렘에 들어간 이후 그가 피소를 당하자 법정과 공회에서 장로 및 대제사장과 죽은 자의 부활에 대해 화제를 던지므로 부활론에 대한 신학적 논쟁을 불러일으켰다. 로마의 시민권을 활용하여 벨릭스 총독 앞에 서만이 아닌 후에는 당시 세계역사의 중심지인 로마까지 이 문제를 확대시켰다. 이는 분명 하나님의 계획하심이었다.

"바울이 그 중 일부는 사두개인이요 다른 일부는 바리새인인줄 알고 공회에서 외쳐 이르되 여러분 형제들아 나는 바리새인이요 또 바리새인의 아들이라 죽은 자의 소망 곧 부활로 말미암아 내가 심문을 받노라 그 말을 한즉 바리새인과 사두개인 사이에 다툼이 생겨 무리가 나누어지니 이는 사두개인은 부활도 없고 천사도 없고 영도 없다 하고 바리새인은 다 있다 함이라" (행 23:6~8)

"그날 밤에 주께서 바울 곁에서 이르시되 담대하라 네가 예루살렘에서 나의 일을 증언한 것 같이 로마에서도 증언하여야 하리라 하시니라" (행 23: 11)

유대교 지도층 즉 예루살렘 공회에는 두 계파가 있다. 하나는 사두개파요, 또 하나는 바리새파이다. 오늘날로 비유한다면 '변화체'에 대한 신학적 두 계파가 존재한다는 의미이다. 사도 바울은 죽은 자의 부활에 대한 화제를 던지므로 가장 기본적 믿음의 상식원리를 가지고 그들끼리 논쟁을 유도하였다. 두 계파에 대한 역사적 배경을 먼저 고찰해 보고자 한다.

사두개파는 다윗 시대의 대제사장이었던 사독에서 파생된 표현으로 출발한다. 사독의 후손들은 마카베오 시대까지 사제직을 수행하였다. 유대의 종교 및 정치의 최고 지도자인 대제사장을 지지한 당파다. 기원전 2세기에서 예루살렘의 멸망(기원후 70년)에 이르는 기간에 세력을 가졌던 유대교 한 계파이다.

사두개파는 대부분 귀족계급에 속하였고, 대제사장 및 예루살렘의 유력자들로 이뤄졌다. 바리새인과 대립했는데, 바리새인이 종교적인 데 반하여, 그들은 아주 정치적 색채가 강했다고 본다. 수는 비교적 소수였으나, 교양도 있었고, 특히 제사장 계급을 독점하여 유대사회에 영향력을 가졌다.

종교적으로는 보수적이었고, 현실적으로는 그리스 문화에 대하여 해방적이고 세속적인 입장이었다. 그 때문에 마카비 전쟁시대의 종교적, 민족적 혁신의 시기에는 냉대 되었지만 하스몬 왕조가 세속화됨에 따라 세력을 펴고, 이에 비판적이었던 바리새인과 대립하게 된 것이다. 이 경향은 뒤의 헤롯 왕조의 친 로마 정책과도 영합(迎合)하여, 성전을 중심으로, 종교적으로는 제사장 계급으로서 강화된 것이다. 사두개파는 당연히 귀족계급이다 보니 공회의 의원도 많았다. 따라서 민중으로부터는 인기가 있다 볼 수는 없었을 것이다.

사두개파의 신앙과 사상 세계는 일면 보수적임과 함께 한편 극히 합리적, 현실적이었다. 그들은 바리새인이 부가하고 존중한 유전(遺傳)을 인정치 않았으며, 성문화된 모세의 율법만을 인정했다. 그 결과로, 부활도, 천사도, 영도, 일체의 존재를 인정치 않게 되었던 것이다.

"부활이 없다 하는 사두개인들이 예수께 와서 물어 가로되" (막 12:18)

"부활이 없다 주장하는 사두개인 중 어떤이들이 와서" (눅 20:27)

또한 미래에 있어서의 보응도 부정하고, 영혼은 육체와 함께 죽음을 말하고, 의지의 자유를 주장하여, 하나님의 섭리를 믿는 일은 거의 없었던 것으로 보인다.

이러한 입장에서 그들은 예수 그리스도에 대해서도 반대 입장이었다. 이러한 그들을 세례 요한은 '독사의 자식들'이라고 했으며(마 3:7), 그들은 예수에게 와서, 때로는 하늘로서 오는 표적을 보이기를 청하기도 하였고(마 16:1~4), 부활에 대해 난문(難問=어려운 질문)을 제시하여 시험하려고도 했던 것이다

(마 22:23~33).

예수 그리스도는 사두개인들을 바리새인과 함께 비난하기도 했다.

"예수께서 이르시되 삼가 바리새인과 사두개인들의 누룩을 주의하라 하신대"(마 16:6)

"어찌 내 말한 것이 떡에 관함이 아닌 줄을 깨닫지 못하느냐 오직 바리새인과 사두개인들의 누룩을 주의하라 하시니"(마 16:11)

그러나 복음서를 통하여 볼 때 사두개인들은 바리새인만큼 비난의 대상으로 되어 있지는 않은 듯하다. 그것은 그들이 바리새인보다 옳은 데가 있어서가 아니라, 민중을 떠난 사두개인의 신앙은 예수의 시야에 들어오는 일이 적었던 때문이었을 것으로 여겨진다.

그들은 예루살렘 교회 및 바울도 박해했다(행 4:1~22, 23:1~10). 기원후 70년의 예루살렘 성전 파괴는 그들의 세력을 뿌리째로 근간까지 뒤엎어서 그 후 사두개인들에 대해서 언급된 데는 거의 없게 된다.

바리새인(파)은 '분리된 자', '성별된 자'라는 뜻으로 죄인과 '분리된 사람, 성별된 사람'의 의미를 갖고 있다.

바리새 운동은 하나님 앞에 의롭게 사는 운동, 나라를 보존하자는 운동, 하나님의 사랑을 받아보자는 운동, 다시는 저주받지 말자는 운동이다.

이스라엘 민족은 바벨론에서의 포로귀환이 끝난 후 수백 년 세월이 흐르는 동안 많은 사람이 이 바리새 운동에 참여하여 열심히 하나님의 말씀대로, 율법대로 생활하려고 노력하였던 것으로 보인다. 그러나 율법 중 한 가지만 범하면 즉시 바리새인에서 탈락하는 상황이었고, 예수 그리스도 초림 당시에는 기록에 의하면 6,000여 명가량 남았던 것으로 보인다.

이러한 상황이다 보니 이 바리새 운동은 점점 원래 취지에서 벗어나 사두개인과 같이 또 다른 특권층을 만들게 되는 흐름으로 이어졌다. 이들은 자신의 의를 내세워 타인을 정죄한다. 율법을 지켜 하나님을 사랑하자는 근본정신은 사라지고 율법을 지키려는 율법주의와 형식주의만으로 남게 된 것이다.

바리새파의 형성 배경은 이스라엘 민족의 포로기에서 출발한다 할 수 있다. 이스라엘 백성이 타락하여 하나님께 도전할 때마다 주변 강대국들을 통해 하나님은 이스라엘을 심판하였다. 주전 586년경 바벨론에 왕과 백성이 포로로 잡혀가서 70년간 포로기 생활을 하게 된다. 이 기간에 고레스 왕은 바사라는 강대국을 건설하게 되고 바사와 메대 연합군에 의해 바벨론을 멸망하게 된다.

하나님은 이 시기 이방 왕 고레스에게 계시하여 이스라엘 백성을 유다로 귀환하게 하시고 유다 땅에 하나님의 성전을 건축하게 하신다.

고레스는 이후 메대를 병합하여 강력한 페르시아 대제국을 건설한다. 고레스 왕의 명에 의해 1차로 귀환한 이스라엘 백성은 무너진 예루살렘 성전 터에 스룹바벨을 중심으로 성전을 건축하게 한다. 고레스 왕이 죽자 성전 건축이 십여 년간 중단되는 듯했으나 다리오 왕이 선왕의 뜻을 이어 다시 건축을 재차 명하게 되어 성전 건축은 마무리가 된 것이다.

이어 바벨론 등에 남아 있는 이스라엘 백성이 수차례에 걸쳐 유다 땅으로 귀환하게 된다. 이런 이방 국가 포로기에서 귀환한 백성을 중심으로 이스라엘 민족이 왜 이웃 국가에 의하여 멸망하고 고초를 당하는지 그 원인을 연구하는 자성운동이 시작되게 된다. 자성운동의 결과 이스라엘 백성이 율법에

무지하여 하나님의 계명을 불순종하고 우상숭배에 빠졌기 때문이라는 결론을 그들은 내리게 되었다.

자강운동의 일환으로 이후 이스라엘은 율법을 더 연구하고 계명을 더 구체적으로 엄격하게 지키게 된다. 이런 율법을 엄격히 지키려는 자들이 바리새파, 바리새인 운동인 것이다.

포로귀환이 마무리되고 수백 년 세월이 흐르는 동안 많은 사람이 바리새운동에 참여하여 열심히 하나님의 말씀대로 율법대로 살려고 노력한 것은 분명한 역사적 사실이었다. 그러나 세월이 흘러 바리새 운동은 점점 원래 취지에서 벗어나 또 다른 특권층 정치세력화 율법주의와 형식주의만이 남는 종교세력으로 전락하게 된 것이다.

결국 교회시대의 앞서서 예수 그리스도의 부활을 받아들이는 것은 가장 중요했음에도 사두개파는 둘째치더라도 자성운동의 핵심이었던 바리새파는 확신을 가지지 못했다. 그리고 오히려 거부했고 인정하지 않았다.

오늘의 기독교회도 마찬가지이다. 교회시대가 지금 당면한 과제는 새 하늘과 새 땅의 창조역사, 즉 예수 그리스도의 재림을 통한 첫째 부활에 참여함이다. 이 역사에 참여할 부활체와 변화체는 당연한 핵심 신학적 과제이자 성취해야만 할 그리스도인들의 성령의 열매라 할 수 있다.

가나안 땅을 하나님이 그냥 주시는 것이 아니다. 이스라엘 백성이 약속을 믿고 쳐들어가 차지한 것이다. 진리 신앙도 마찬가지이다. 영적인 가나안 땅인 진리 세계는 부활체와 변화체의 진리 신앙으로 쳐들어가게 되어 있다. 부활과 변화체 신앙만이 생명나무의 길을 열 수 있다.

두루 도는 화염검과 그룹을 육신신앙으로 열 수 있다고 보는가. 어림없다.

영적 환난을 이겨내는 부활과 변화체 신앙만이 생명나무에 나아갈 수 있다. 하나님 보좌에 나아갈 수 있는 자는 첫째 부활에 참여하는 자다. 부활과 변화는 진리믿음의 열매인데, 진리가 왜곡되면 부활체, 변화체로 그리스도인들의 승리는 요원할 뿐이기 때문에 교회가 진리로 나오지 않는다면 해결할 수 없다는 것이다.

교회가 진리로 나오지 못하고 육신 신앙에 머물러 있으면 제2의 바리새파 대 사두개파의 논쟁은 오늘날 교회에서 변화체를 주제로 재현되고 지속될 것이다. 안타까운 현실이 아닐 수 없다.

세 번째 주제는 주일(안식일) 개념이다.

유대교에 이어진 교회시대에서 주일 곧 안식일 개념은 신학적 논쟁을 차치하더라도 교회시대 즉 은혜시대에서는 주일을 하나님의 날로 섬기며 하나님을 경외하는 자들이 교회(예배당)에서 예배하며 기도하고 찬양하는 날로 통념화되어 왔다.

과거 율법주의 유대교에서 안식일과 당시 절기마다 예루살렘 성전으로 향하는 이스라엘 유대인의 종교적 의식과 관례가 확장된 개념이다.

주일은 하나님의 날이요, 하나님께서 천지만물을 창조하시고 7일째 되던 날 안식하신 날을 근거로 한다. 교회 시대에서는 주님이 십자가 죽음에서 부활하신 날을 기점으로 안식 후 첫날에 성경적 의미를 갖고 있다. 이 의견에 이견이 있을 순 없다.

다만 안식일의 주 1일 단수화는 유대교, 중세 가톨릭과 같이 율법주의, 형식 및 외식주의화 오류라는 시대적 반복 현상을 나타낼 수 있다는 여지를 준다.

필자의 의견은 안식일이 생명의 날, 즉 하나님의 날이란 개념에서 초월하여 하나님 나라가 임하는 마당에 이제는 확장된 개념, 즉 모든 날이 생명의 날이라는 개념으로 확장될 필요가 있다는 견해이다.

첫째 부활에 참여함으로 영원한 진리세계가 이루어지는 마당에 주 6일은 인간중심의 생활과 주일은 하나님께 경배하는 날로 이와 같이 '이분화 할 필요가 있을까'라는 점이다. 모든 날이 하나님께서 우리 인간에게 하나님의 나라를 이 땅 위에서 완성하라! 하나님의 사랑으로 다스리라! 명령한 생명의 날들로 여겨야 한다는 필자의 논리이다.

예수 그리스도께서 강림하실 그 순간 구속받은 하나님의 아들들 즉 진리 성도 그리스도인들이 등장하는데 이들은 모든 썩어짐에 종노릇한 데서 더 이상 굴복하는 것을 원하지 않고 하나님의 아들들이 나타나길 고대한 모든 피조물의 소망의 대상이다. 이들은 예수 그리스도의 진리의 모습으로 형식주의, 율법교권주의를 극복하고 순교와 산 순교신앙으로 승리한 자들이다. 이들에게는 모든 날이 생명의 날이다. 주 1일만 생명의 날로 여긴 자들은 결코 아닐 것이다.

매 순간 호흡하는 모든 날을 감사와 찬양으로, 진리 되신 주님의 성정을 닮기 위해 자신을 변화시킨 날들로 여기는 것이다. 이들에게는 모든 날이 생명의 날이라는 것이다.

인간의 지식이 하나님의 지식에 근접한 교회시대를 우리는 살아가고 있다. 이는 친히 하나님이 예수 그리스도를 통해 보여주셨기에 가능한 것이다. 목회자보다 인간적 학문이 낮은 평신도 세계도 드문 시대를 우리는 살아가고 있다. 그러나 아직도 많은 신자들이 과거 형식주의 외식주의에서 초월하지 못한 한계를 보인다면 성숙한 인간의 모습은 아닐 것이다.

주님이 재림하시는 신학적 과제가 성취될 때는 승리한 하나님의 아들들이 다스리는 영원한 진리세계가 전개된다. 영적 환난기에서는 안식일만이, 하나님의 날이란 신학적 개념은 자칫 많은 신도들을 사두개 및 바리새파의 유대교, 교권주의 중세 가톨릭 화 할 수 있는 사실임을 직시해야 할 것이다.

필자는 우리 인간이 호흡하는 모든 날들이 생명의 날이요 하나님의 날임을 역설하고자 한다.

믿음의 증인들 모두는 항상 하나님과 동행한 자들이었다. 그들은 진리의 강 곧 생명강인 비손강 신앙에 해당된다.

6. 세속화된 현대 기독교 문명은 여기서 이대로 좌절할 것인가

(아니면 인류문명에 새로운 희망을 줄 것인가?)

　2000년 00시 제야의 종소리가 울려 퍼질 때 세계는 태양이 떠오르는 해맞이 행사에서 아시아를 시작으로 유럽, 아프리카, 아메리카 대륙에 이르기까지 24시간 열광이었다. 인류는 새로운 21세기를 맞이한 것이다.

　20세기 세계역사는 암울했다. 유럽과 아시아에서의 세계 1, 2차 대전의 발발과 종식, 한국과 베트남에서 냉전시대의 전쟁, 강대국의 끊임없는 자원에 대한 이권 다툼으로 발발되는 중동에서의 갈등과 전쟁 등 그 가운데 벌어진 학살 등 공포, 가난, 수없는 혼란의 역사였다. 이런 불행한 역사를 마무리하고 새로운 새기가 시작되는 21세기는 새로운 희망을 인류에게 가져다줄 것으로 나름 한순간 기대하고 가슴 부풀었기 때문이다.

　기독교 문명의 여파로 중세 10세기까지도 미개했던 유럽의 역사는 세계역사의 판도를 바꾸었다. 아시아 중심에서 유럽으로 특히 이베리아반도 중심으로 옮긴 것이다. 초대교회는 미개했던 유럽의 변화를 주었지만, 훗날 부패한 가톨릭은 교만하여 종교개혁을 거부한 상황을 선택했다.

　그 후 세계는 불행한 역사를 겪는 계기가 되었는데 식민사가 바로 그것이다. 문명에 영향을 주기도 하였지만, 이면에는 부정적 역사도 나타났던 것이다. 이는 오늘에까지 현재 진행형으로 이르고 있다.

　그리고 청교도 혁명을 거쳐 지금에 이른 기독교 문명도 현대 사회에서 지탄을 받고 있다. 중세 가톨릭 국가들의 세계 식민지화에 이어진 인권유린이 지탄을 받았다면, 오늘의 세계도 청교도 정신을 배경으로 세워진 미국의 무소

불위의 세계자원의 독점적 패권주의 정책으로 발생되는 전쟁 등이 그 예라 할 수 있다. 하나님의 공의와 정의와는 이율배반적 모습이라 하겠다.

중동의 이슬람 문화와 국가적 이해관계의 충돌은 급기야 기독교 국가에 대한 테러 대상이 되기까지 한 것이 가장 큰 사례일 것이다.

종합하여 보면 21세기 새로운 세기가 시작되자마자 미국 심장부에 가해진 9.11테러 사건과 중동문제, 동북아시아의 신냉전과 보호무역으로 인한 세계의 갈등은 이와 같이 해맞이 행사를 통해 21세기가 열렸어도 새 희망에 열광했던 세계인의 마음을 그리 시원하게 해결해 주지는 못하고 있다. 여기에는 기독교 문명국이 핵심을 차지하고 있으며 갈등 원인의 중심을 제공하고 있다는 사실이 한 원인이다.

기독교 문명의 절정에서 오히려 현대교회와 기독교 국가는 조롱과 지탄의 대상이 되고, 테러의 대상까지 되고 있는 실정이다. 이슬람 국가들은 기독교화 된 서구와 패권주의 미국에 의해 갈등에 극치를 보이고 있으며, 몇몇 미국의 우방국들은 원치 않는 미국 패권주의에 휘말리고 있는 상황이기도 하다.

게다가 사회주의 노선의 부상하는 중국을 중심으로 신냉전주의가 움틀 기미마저 보이고 있고, 끊임없는 대립과 갈등, 이권 다툼은 오늘날 인류로 하여금 희망을 품은 새로운 천년 시대가 아닌 불안한 마음으로 세기를 시작하게 하는 역사적 현실이 지금의 상황이라 할 수 있다.

기독교 문명은 어디로 지향하여 갈 것인가.

오늘의 기독교 문명은 분명 발전된 세계 역사문화에 기초가 되었지만, 세계 석학들은 기독교 역사관에 형성된 인류 문명국가 또한 영적으로 최대 위기를 맞이하고 있다고 분석한다. 왜냐하면 과거 암울했던 교권주의 중세 가톨릭의 전철을 오늘의 기독교가 그 전철을 그대로 밟아가고 있기 때문으로 분석한다.

중세 가톨릭의 전철을 일소하고 개신교 초기에는 세계역사를 선도하는 청교도 국가로 그 위세를 드높였던 나라는 미국이었다. 20세기 미국의 영향을 받아 많은 나라가 독립의 혜택을 누린 것 또한 사실이다. 그리고 그들의 대통령은 여전히 취임 선서에서 성경위에 손을 얹고 선언하고 있다.

인권을 유린하여 지금까지 세계 여러 나라의 공범이 된 1, 2차 세계 대전의 주범국이 된 군국주의 제국주의 국가 독일과 일본마저도 하나님의 정의와 공의 아래 무릎을 꿇게 하였다. 이런 모든 일련의 세계사 흐름은 기독교 문명의 혜택이 아니라 말할 수 없을 정도이다. 그러나 그랬던 미국은 기독교 문명국으로서 참신성에서 멀어져 가고 있는 현실이다.

이런 영향을 가진 미국도 청교도 혁명 후 19세기 후반과 20세기에 이르게 되면 부국강병 현상과 함께 그 이면에는 기독교 국가로서 참신성을 잃게 된다. 다행한 점은 선교 정책에 의해 복음 전파를 받은 평화의 나라 대한제국은 급기야 극악질적 제국주의라 표현함에도 부족하지 않을 일본의 독아에서 독립과 냉전의 흐름 절정기에서 사회주의 세력을 막아내는 세계사 흐름에 영향을 받은 것이다.

많은 신학자가 공감한다. 한국의 기독교 전래, 이는 단순한 복음전파에 혜택을 받은 사례로 국한됨이 아니라 기독교 문명의 배턴을 이어받은 한국교회란 사실에 의미를 두고 주목한다. 이런 점에서 21세기 이후 전개될 기독교 문명의 촛대 교회로서 사명은 한국교회에 있다 할 것이다.

그런데 20세기 후반부터 지금의 한국교회는 내부적으로 중세 가톨릭의 교권주의 율법주의 신앙으로 전락이 되어가고 있고, 그 전철을 밟고 있다는 점을 지울 수 없다. 결국 오늘의 개신교는 그 영적 건강함을 잃어 세계역사 무대에서 오욕거리가 되어가고 있는 분명한 현실이다.

과거 유대교, 중세 가톨릭에서 영적 심판의 대상이 되었던 육신 교권주의 영적 형태가 공교롭게도 한국교회에서 그대로 재현되고 있다는 지금의 영적 현실인 것이다. 촛대 교회로서 사명을 받은 한국교회가 영적으로 큰 혼란과 대환난에 깊이 빠져가고 있는 상황이다.

역사의 고비 고비마다 그래도 하나님의 역사는 종교개혁을 통해 신학적 난제들을 해결하며 새로운 세기에 대안과 역사적 발전을 이끌어 왔다. 5백여 년 전 종교개혁가들의 외침과 부르짖음은 이어진 청교도 역사와 함께 그 역할을 충분히 해냈다.

새로운 21세기에 기독교 사상을 이끌어갈 신학적 과제를 풀어갈 용기 있는 제2의 종교개혁적 도전의 모습이 한국교회에 요구되는 시기이다. 그러나 지금의 한국교회 현실만 놓고 볼 때에는 안타깝게도 그런 모습이 전혀 보이질 않고 있다.

그렇지만 분명한 사실은 한국교회를 통해 21세기 새로운 천년시대를 향한 종교개혁의 큰 물줄기는 드러날 것이다. 이를 위해 하나님은 기독교 복음의 전래로 한국을 독립하게 하셨고, 선진국으로 발전하게 하셨다. 그리고 인류사의 문명의 흐름을 선도할 영적 역할을 맡기시는 것이다. 새로운 천년시대의 문을 열라고 한국교회를 향해 명하시는 것이다.

앞서 언급한 대로 중세 종교개혁 이후 세계교회사 흐름은 유럽과 신대륙을 문명국가로 이끌었다. 그리고 현재는 한반도 역사 무대에 전해져 한줄기 역사상 꺼져가는 등불을 이어가고 있다. 수 세기 동안 일본과 중국에 의해 철저히 역사적으로 유린당하고 파괴되고 짓밟혀 소망도 없는 이 민족에게 기독교는 희망이었던 것이다. 그리고 일본의 독아에서 독립과 공산주의로부터 벗어나 결국 재기한 것이다.

그런데 초대 한국교회 부흥의 역사를 뒤로하고 1세기 지나기도 전에 순수성을 잃어버리고 있으며, 세계교회사 현주소의 사명을 망각하고 중세 가톨릭 이상으로 위기를 맞고 있는 현실이다. 교권주의로 정치화되고 어느새 물질을 자랑하는 교회상이 부흥의 척도인 양 되어버린 한국교회의 영적 현실이 그 증거일 것이다. 참으로 안타깝다.

'유발 하라리'라는 석학자는 그의 저서 《호모데우스》에서 종교는 죽었고, 과학문명을 배경으로 인간은 인간의 죽음까지 정복하려는 인간중심의 역사관을 말하고 있다. 그의 주장이 과학적 근거에서 전혀 무시할 수 없는 현실적인 상황에까지 기독교는 도전을 받고 있는 현실이다. 그렇다고 그의 주장에 전적으로 동조함은 결코 아니다.

'갈대아 우르' 우르 왕조가 무너지자 초기 고향을 등지고 떠나야만 했던 데라, 그 후 아브라함을 통한 이스라엘 역사, 유대교의 율법주의와 할례주의 한계에서 벗어나지 못한 상황에서의 예수와 그의 제자 사도들을 통한 로마를 배경으로 한 확산된 그리스도교, 암울했던 중세 가톨릭을 향한 종교개혁으로 유럽의 변화, 이어진 청교도 신대륙의 등장, 한때 제2의 청교도 역사라는 찬사까지 받았던 한국교회이다.

암울하기만 했던 구한말 대한제국의 초기역사와 반세기 가까이 식민기간을 거치지만 기독교의 정신은 독립과 현재 대한민국 발전에 배경이 되었다. 이는 한국교회의 기적적 현상이라 할 수 있다.

적어도 20세기 혼란의 국제정세 속에서, 그리고 21세기 문명의 문을 연 기독교 역사는 분명 한국 교회사를 통해 세계 기독교사의 맥은 이어진다고 확신할 수 있다. 그리고 그 생생한 복음의 역사 촛불이 식지 않는 곳은 대한민국인 것만은 분명하다.

인류 역사를 논하면서 '유대인의 학살' 주제로 이스라엘 민족을 가장 불행한 민족으로 이야기할 때가 많다. 세대주의 신학자들은 그래서 마지막 구원역사는 세계 여러 이방 민족 가운데 흩어져 살던 디아스포라 유대인들이 이스라엘 국가를 세우기 위해 돌아오는 과정을 재림역사 징조의 하나로 역설하기까지 한다. 물론 의미하는 바 전혀 무시할 수 없는 역사적 사건이다. 그러나 절대시함은 우선순위가 아님을 강조하고 싶다.

성경해석에 있어 우선시 돼야 할 배경은 교회 안에서의 문제적 접근이다. 성경을 현대에 와서 표면적 이스라엘 역사를 중심으로 해석하고 예언하는 것은 역사의 점진성을 고려할 때 분명 가장 큰 오류가 될 수 있다.

그럼에도 불구하고 영적 혼란에 빠진 교회가 기껏 내놓는 종말신학적 주제가 이와 같은 문자 중심의 해석적 관점을 취하는 것을 볼 때 목회자이자 신학자의 관점에서는 도저히 이해할 수 없는 논리라 하겠다.

이방 세계를 향한 예수 그리스도와 사도들을 통해 복음 증거가 시작된 역사도 이미 2천 년이 넘어가고 있는 상황이다. 이 점을 고려한다면 표면적 이스라엘을 중심으로 한 종말론적 해석의 관점은 설득력을 가질 수 없다. 교회 역사는 전 인류를 대상으로 그 속에 교회를 중심으로 한 영적 이스라엘인 것이다. 이런 의미에서 한국교회의 현 상황은 매우 의미 있는 교회사적 영적 의미를 갖고 있음이 분명하다.

그리고 한국의 역사를 제대로 이해한다면 우리 민족의 역사는 이스라엘 역사와 비교하기가 어렵다. 민족적 고난과 시련 등은 물론 이런 역사적인 면을 고려할 때 기독인의 한 사람으로 교회시대 마지막 20, 21세기 한국교회는 세계사적 교회 역사 운명의 키를 부여받았다 해도 과언이 아니다. 아니 오히려 당위성을 갖는다는 확신마저 갖는다.

세계 기독교사의 첨병 역할을 맡은 한국교회이다. 그리고 이 현상에 많은 세계 신학자들은 공감한다. 그러나 현재 한국교회는 영적으로 큰 혼란기에 접어든 상황이다. 이 상황은 이미 오래되었고 현상학적으로도 영적 무너짐의 속도가 가속화 되고 있는 추세이다. 즉 기독교사의 첨병 역할을 맡았음에도 21세기 기독교 문명을 이어갈 새로운 패러다임의 신학사상을 제시하지 못하고 있는 상황이라 하겠다. 그 중심에 종말론이 차지한다.

"네가 만든 네 신들이 어디 있느뇨 그들이 너의 환난을 당할 때에 구원할 수 있으면 일어날 것이니라 유다여 너의 신들이 너의 성읍의 수와 같도다" (렘 2:28)

한국교회는 셀 수도 없는 극에 달한 교단의 분열과 물질을 자랑으로 하는 세력화, 정치화, 유대교/가톨릭의 오점인 율법주의, 교권주의 적그리스도화 되어가고 있다. 종말론적 위기를 타개할 신학적 사상이 결여되어 있는 실정이다.

　한국교회 모습은 21세기 기독교 문명으로 도전적 역사 앞에서 답을 제시하지 못하고 있다. 21세기 기독교 문명사를 이끌 신학적 과제는 예수 그리스도의 재림사건이다. 첫째 부활이며 이때 나타날 부활체와 변화체 역사이다.

　막연한 육신교권주의 신앙으로는 해결하지 못한다. 현재 한국교회는 교계, 신학계를 포함하여 갈팡질팡하고 있다. 그러한 가운데 하나님의 백성은 영적 기근과 지진, 칼과 흙탕물(육신 설교) 홍수 속에 영적 전염병과 짐승의 영으로 전락된 육신/교권주의 종교지도자들에 의해 사정없이 유린당하고 있는 상황이라 하겠다.

　이스라엘 역사에는 아브라함과 계보를 잇는 이삭, 이스라엘과 요셉, 모세, 여호수아와 갈렙, 다윗, 스룹바벨, 선지자들 등 새로운 시대를 이끌어간 영적 믿음의 증인 등 수많은 순교의 삶으로 살아간 리더들이 있었다. 그리고 예수 그리스도를 중심으로 사도들의 역사적 등장과 그들의 순교자적 역할, 루터와 칼빈 등의 종교개혁자 그들의 모든 영혼들이 하나님 보좌 우편에서 우리에게 21세기 어떤 역할을 할 것인지 물음을 던질 것이다.

　영적 이스라엘인 오늘 교회는 현시점에 대하여 영적 분별력을 가지고 진단할 수 있어야 한다. 종말 신학을 포함하여 조직신학 전 부문에 걸쳐 개혁적 신학과제를 제시해야 한다. 21세기 새로운 천년시대는 하나님 보좌 앞 깨끗하고 흰 세마포 단장하는 자기 변화적 부활의 신앙과 산 순교적 변화체 신앙을 생명을 다해 지켜내는 자들의 몫이다.

　첫째 부활에 참여하는 부활체와 변화체 신앙만이 새로운 문명사를 이끌 것이다. 믿는다 하면서 자신을 버리지 못하는 육신 신앙이 아닌 십자가를 통해 자신을 희생하신 예수 그리스도의 진리 신앙으로 철저하게 변화를 갖는 신앙인들이 미래 기독교 문명을 이끌 것이다.

7. 기독교의 살길은 변화체 신학을 실천하는 길뿐이다.

　기독교는 부활신학이 중심이다. 부활은 순교신앙의 결과 하나님 주시는 영광의 형체이다. 변화체는 부활체와 동일하게 첫째 부활에 참여한다. 살아서 첫째 부활에 참여하기에 변화체 영광은 부활체 영광보다 상위개념이다. 이는 이 땅 위에서 변화체 성도가 나와야만 그리스도의 재림이 완성되기 때문이다. 첫째 부활에서 시간적으로 부활체가 앞서지만 교회시대 변화체 성도가 형성되어야만 예수 그리스도의 재림 역사는 완성되는 것이다.

　2천여 년 전 유대교의 살길은 예수 그리스도를 통한 부활의 신학을 받아들이는 것이었다. 그러나 세상 통치자, 대제사장 모두는 진리를 배격하여 영광의 주를 십자가에 못을 박았다.

　그렇다면 지금은 어떠한가. 지금도 마찬가지이다. 그렇지만 현대사회는 육신 생명을 요구하는 보편적 순교 시대는 아니다. 물론 제한적으로 순교 신앙을 요구하는 상황이 될 수도 있겠지만 과거처럼 순교를 요구하는 보편적 시대는 분명 아니라는 것이다.

　현대사회는 산 순교 신앙의 변화체 신앙을 요구하며 목적으로 한다. 예수 그리스도는 부활체 몸의 상태와 시공간을 초월하여 제자들에게 나타나는 변화체 몸의 상태를 동시에 보여주신 상황이다.

　첫째 부활에 참여하는 신앙은 은혜 은사주의의 기복신앙의 한계를 초월하지 못한 육신주의 율법신앙으로는 이룰 수 없다. 인산의 육성이 하나님의 성품으로 변화되기까지 산 순교의 신앙으로 하나님의 사랑과 정의와 공의를 실천한 자들에게 임할 영광의 몸, 변화체 진리 신앙으로만 완성될 수 있는 것이다.

기독교가 부활의 종교인 것을 부인할 현대 교인은 아무도 없다. 그러나 현대교회의 실상은 진리 믿음의 시각에서 보기엔 영적으로 거리가 멀다. 현대교회의 은혜은사주의, 육신율법주의 믿음이 부활체의 영광을 약속받을 만큼의 순교 신앙이라 하기엔 결코 동의할 수 없다. 그리고 현재는 분명 순교 시대의 보편적 시대 또한 분명 아니기에 변화체 신앙이 그 중심이 되어야 한다.

기독교는 부활과 변화의 신학이 중심을 이루는 종교요, 삶이다. 이전의 기독교 역사가 부활신학을 논했다면 지금은 변화체 신학을 논해야 하는 시대이다. 살아서 첫째 부활에 동일하게 참여하지만 부활체 영광보다 상위개념인 변화체 진리 신앙을 강조해야 하는 시대이다. 그러나 예수 그리스도 재심 역사에서 시간적으로 앞서는 것은 분명 부활체이다. 그들이 먼저 역사 무대에서 진리 신앙을 완성하였기에 앞서는 것이다.

모든 피조물들, 즉 만물이 고대하는 바 하나님의 아들들이 나타나는 그 역사를 이룰 산 순교의 신앙으로 첫째 부활의 역사에 동참할 변화체 신앙을 지향해야 한다. 하나님의 사랑과 정의, 공의를 실천하기 위해 자신의 육성을 다 죽이기까지 삶을 살아가고 실천하는 진리 성도를 의미한다.

입으로만 부활과 변화를 시인하고 순교의 부활 신앙과 산 순교 신앙으로 나아가지 못하는 행함이 없는 모든 믿음은 하나님 지식에 이를 수 없으며, 가증한 것이다. 영적 환난의 정체 적그리스도, 거짓 신앙이 되는 것이다. 음녀의 정체는 다름 아닌 이런 모습이다.

변화체 신학의 결정체는 성령의 아홉 가지 열매가 실상으로 나타는 것이다. 성령 시대인 교회시대에서 아홉 가지 열매가 순교와 산 순교 신앙의 열매가 된다. 성령의 9가지 열매는 첫째 부활에 참여는 순교 신앙인 부활 성도와 산 순교 변화 성도에게 이뤄질 열매이다.

방언, 신유, 예언, 통역, 입신 등 이는 일시적 성격을 갖는다. 은사다. 은혜다. 지속성을 갖지 않는다. 근본적 성령의 열매는 사랑, 희락, 화평, 오래 참음, 자비, 양선, 충성, 온유와 절제이다.

"오직 성령의 열매는 사랑과 희락과 화평과 오래 참음과 자비와 양선과 충성과 온유와 절제니 이 같은 것을 금지할 법이 없느니라 그리스도 예수의 사람들은 육체와 함께 그 정욕과 탐심을 십자가에 못 박았느니라 만일 우리가 성령으로 살면 또한 성령으로 행할지니" (갈 5:22~24)

8. 교회 내 적그리스도의 정체와 그들의 전술 전략(일곱 머리 열 뿔 그리고 여덟째 왕의 정체)

"왕이여 왕이 한 큰 신상을 보셨나이다. 그 신상이 왕의 앞에 섰는데 크고 광채가 특심하며 그 모양이 심히 두려우니 그 우상의 머리는 정금이요 가슴과 팔들은 은이요 배와 넓적다리는 놋이요 그 종아리는 철이요 그 발은 얼마는 철이요 얼마는 진흙이었나이다 또 왕이 보신즉 사람의 손으로 하지 아니하고 뜨인 돌이 신상의 철과 진흙의 발을 쳐서 부쉬뜨리매 때에 철과 진흙과 놋과 은과 금이 다 부쉬져 여름 타작마당의 겨 같이 되어 바람에 불려 간 곳이 없었고 우상을 친 돌은 태산을 이루어 온 세계에 가득하였나이다 그 꿈이 이러한즉 내가 이제 그 해석을 왕 앞에 진술하리이다 왕이여 왕은 열왕의 왕이시라 하늘의 하나님이 나라와 권세와 능력과 영광을 왕에게 주셨고 인생들과 들짐승과 공중의 새들 어느 곳에 있는 것을 무론하고 그것들을 왕의 손에 붙이사 다 다스리게 하셨으니 왕은 곧 그 금머리니이다 왕의 후에 왕만 못한 다른 나라가 일어날 것이요 세째로 또 놋 같은 나라가 일어나서 온 세계를 다스릴 것이며 네째 나라는 강하기가 철 같으리니 철은 모든 물건을 부쉬뜨리고 이기는 것이라 철이 모든 것을 부수는 것 같이 그 나라가 뭇 나라를 부쉬뜨리고 빻을 것이며 왕께서 그 발과 발가락이 얼마는 토기장이의 진흙이요 얼마는 철인 것을 보셨은즉 그 나라가 나누일 것이며 왕께서 철과 진흙이 섞인 것을 보셨은즉 그들이 다른 인종과 섞일 것이나 피차에 합하지 아니함이 철과 진흙이 합하지 않음과 같으리이다

이 열왕의 때에 하늘의 하나님이 한 나라를 세우시리니 이것은 영원히 망하지도 아니할 것이요 그 국권이 다른 백성에게로 돌아가지도 아니할 것이요 도리어 이 모든 나라를 쳐서 멸하고 영원히 설 것이라 왕이 사람의 손으로 아니하고 산에서 뜨인 돌이 철과 놋과 진흙과 은과 금을 부숴뜨린 것을 보신것은 크신 하나님이 장래 일을 왕께 알게 하신 것이라 이 꿈이 참되고 이 해석이 확실하니이다." (단 2:31~45)

다니엘서의 언급을 기초로 대부분 신학자와 목회자 세계에서는 적그리스도를 이스라엘 밖 국가로 명료화한다. 물론 문자적 해석에 기초하여 가장 설득력 있는 주장이고 필자도 이에 대부분 문자적 해석 측면에서는 공감한다. 그러나 간과하지 말아야 할 점은 분명 있다.

이는 먼저 이스라엘 백성이 하나님의 진리 신앙 그 중심에서 벗어나는 적그리스도적 신앙이 될 때 하나님께서는 이방 민족을 통해 심판하신 것이지 이방 민족 자체가 적그리스도의 본질은 아니라는 것이 필자의 견해이다.

느부갓네살 왕이 본 큰 신상에 대해 다니엘 선지자와 후대 신학자들은 다음과 같이 해석을 하였다.

금으로 표현한 머리는 바벨론, 은으로 표현한 가슴과 팔은 메데바사 곧 페르시아, 놋의 배와 넓적다리인 그리스 헬라, 철(쇠)로 표현한 로마, 그 후 철과 진흙이 섞인 등장 될 교회시대 내 가톨릭 영향권에 있는 유럽연합 국가 등을 짐승의 모습으로 대부분 제국주의적 중심의 세계 역사 흐름으로 예언하고 해석하였다.

바벨론 역사 이후에 전개될 세계역사 흐름이 신상에서 보여지듯 정금 같은,

은 같은, 놋 같은, 철과 같은 나라가 나와서 하나님 나라를 대적할 것이나 그 마지막 발이 철과 진흙으로 섞이었기에 최후에는 뜨인돌에 의해 이 세상 나라는 다 무너지고 영원한 하나님의 나라가 될 것이라 예언하였다.

세대주의자들은 다니엘의 이 해석과 포로기 이전을 포함하여 요한계시록에 언급된 일곱 왕의 정체를 애굽, 앗수르, 바벨론, 메대바사(페르시아), 그리스 헬라, 로마, 가톨릭으로 지목한다. 그리고 유럽연합국 등 교회사적 배경이 되는 세계 역사흐름에 문자적 해석 수용 입장에는 필자도 일부 제한적으로 동의하는 부분도 있다.

문제는 마지막 일곱 중에 속한 여덟째 왕(요한계시록 17장)에 대한 해석이다.
결국 세대주의 영향을 받은 오늘날 많은 종교지도자들은 이 정체에 대해 유럽연합국(일부는 미국, 중국 등으로 보기도 함)으로 해석하는 점이다. 일부는 또 이미 중세 영적 심판이 된 가톨릭을 여덟째 왕으로 재 언급하고 있다.
필자는 이 같은 해석의 접근법은 적그리스도의 본질적 정체를 이해하는 데에 앞서 언급했듯이 전혀 도움이 되지 않는다는 견해이다. 이같이 해석함은 시대적 역사의 배경이 될 수는 있다. 그러나 적그리스도 세력은 반드시 교회 안에서 보아야 할 것이다.
진리 신앙이 아닌 육신교권주의 신앙은 마지막에 가라지 묶어져 먼저 불사르는데 던져지듯 적그리스도 세력으로 묶어져 홍해 바다에, 무저갱에 던져지는 것이다.
필자가 본서를 통해 계속해서 지적하고 싶은 것은 앞에서도 언급하였듯이 적그리스도의 본질을 문자적 국가주의 관점에서 보는 것이 우선이 아니라는 점이다. 본질적으로 적그리스도와 거짓 선지자, 음녀의 정체는 하나님의 백성이 하나님의 형상에서 시대마다 요구하는 하나님의 뜻에 반하여 배도하는 육신적 종교지도자들에 의해 많은 영혼들이 진리를 알지 못하는 신앙적 관점에서 찾아야 한다는 사실이다.

성경이 수없이 말하지 않는가. 이스라엘 민족도 하나님의 뜻에 반하여 배도하였을 때 하나님께서는 이방민족으로 하여금 이스라엘을 심판한 것이지 이방민족 자체가 적그리스도의 본질은 아니라는 사실이다.

세대주의 전천년주의자들은 6천 년 인류 역사를 중심으로 성경을 무리하게 해석한다. 최근 반세기 내 세대주의적 종말론자들은 위 부분에 대한 문자적 해석 중심의 해석관을 버리지 못해 억지로 꿰어맞추듯 마지막 여덟째 왕 즉 적그리스도의 정체를 유럽연합국 등 현재 나타나는 과거 제국주의와 유사한 국가로까지 해석하였다. 그리고 앞서 언급했듯이 심지어 이미 심판받은 중세 가톨릭으로까지 언급한다.

교회 밖에서 짐승의 정체, 곧 적그리스도의 정체성을 찾고자 하는 현상이다. 그리고 이 여파로 인해 교회의 무오성의 영적 흐름을 교회 안으로 슬며시 유입케 하였다. 자신들도 모르는 사이에 교회의 영적 흐름이 이와 같이 가톨릭이 범한 교회무오성 개념을 교회 안에서 다시 한번 또 받아들이는 형국이 된 것이다.

유대교, 과거 가톨릭의 전철을 오늘날 교회가 재현하고 있다.

이와 같은 영적 흐름에 논의조차도 어려울 교수주의 종말론자들이 최근까지도 우후죽순 등장하여 종교개혁적, 청교도적 교회의 의미를 결정적으로 퇴색시키고 말았던 것이다. 최근까지도...

그리고 대다수 세대주의 종말론 염증에 시달린 현대문명으로 동화된 현대교회는 제각기 나름의 종말신학의 신념을 갖고 있다고 주장하더라도 현실은 영적 환난에 대한 무감각증이 깊이 들어와 있는 현실이다. 이는 교회시대 마지막에는 부활과 변화의 모습이, 즉 영적으로 건강한 모습이 교회에서 나타나야 하는데 오늘날 교회는 그렇지 못하다는 증거이다.

교회시대 마지막에는 새로운 진리 시대로 배턴은 넘겨야 한다. 그렇다면 새 시대에 맞는 부활과 변화의 영적 건강한 모습으로 준비해야 한다. 진리의 모습이 교회를 통해 세상에 비춰져야 함에도 오히려 교회가 문젯거리요, 조롱거리로 변하고 있다는 사실은 적그리스도적 행위가 아닐 수 없다.

이미 필자의 견해로는 교회가 예수 그리스도 당시 유대교 내 사두개파와 바리새파로 갈라져 결국 부활을 전하는 그리스도와 사도들을 배격하여 부활을 깨닫지 못하는 무감각증에 빠진 경우와 같다 하겠다. 입으로는 그리스도의 부활을 논하나 현실적 삶은 그리스도의 부활과 변화와는 거리가 먼 믿지 아니하는 영적 실상이다.

그리고 사두개파와 같이 이제는 변화도 슬그머니 강조하지도 않을 것이며, 그리스도 재림과 함께 이루어질 천년시대도 입으로는 주장하나 영적인 신앙 상태를 보면 실상은 무천년주의 신앙에 치우쳐 행동할 것이다.

이는 현대교회가 과거 중세 가톨릭 신학 사상계에 나타났던 결정적 오류신학인 '교회의 무오성' 굴레에서 쉽게 벗어나지 못하는데 근원이 된다.

'교회의 무오성' 굴레에서 벗어나지 못한다면 오늘의 현대교회는 제2의 유대교, 종교개혁의 반하는 중세 가톨릭의 전철을 그대로 답습하게 될 것이다.

종말론의 가장 중요한 포인트는 물론 천년시대 기점을 어느 시점으로 볼 것이냐에 있다. 그러나 그리스도 재림직전에 등장하는 적그리스도의 정체를 무엇으로 대상하느냐에 더 중요한 포인트가 있는데, 이를 국가개념으로 치부해 버리고, 교회와 관련된 것을 현대교회가 아주 애써 간과하고 외면을 한다면 이는 하나님의 말씀을 가감하게 하는 결과가 된다.

성경말씀은 가감되어서는 안된다. 하나님의 말씀을 인간 육신의 생각으로 더하면 성경말씀에 기록된 재앙이 더할 것이요, 육신의 생각으로 왜곡하고 제해 버리면 하나님 영광에는 참여할 수 없는 것이다.

물론 세계 정치사적 흐름을 간과할 수는 없는 것이다. 애굽, 앗수르, 바벨론, 메대바사(페르시아) 그리스 헬라, 로마, 가톨릭, 현대 패권국가(미국 등등) 등 분명 세계사적, 사회문화적 적그리스도 배경 세력인 것만은 틀림없다. 그렇다고 적그리스도의 본질을 이들에게서 찾는 것은 분명 아니다.

교회무오성주의에 빠진 율법주의의 이스라엘이, 과거 중세 가톨릭이, 오늘의 현대교회가 자신들이 하나님의 진리 신앙에서 벗어난다면 근본적 영적 적그리스도 세력 자체가 된다는 사실은 망각하고 있다. 이를 인정하기에는 어렵기 때문에 결국 오늘의 교회는 시간이 흐를수록 모두가 다 혼돈에 빠져들 수밖에는 없는 것이다. 이 자체가 적그리스도 정체의 본질로 결국 귀결되는 것이다.

다니엘이 느부갓네살왕의 꿈을 현몽한 바벨론이, 메대바사가, 그리스 헬라가, 로마가, 또한 현대사회의 패권 국가가 적그리스도의 본질은 아니다. 이 세력들은 이스라엘이 진리에서 벗어났을 때 하나님이 그들을 심판의 도구로 사용하셔서 이스라엘을 책망하였던 것이지, 적그리스도의 본질은 아니다. 그동안 여러 차례 강조했듯이 이스라엘 신앙이 하나님의 진리신앙에서 벗어나는 순간, 형식적, 외식적 이스라엘이 영적 적그리스도화 된 것이 적그리스도 정체의 본질이라는 것이다.

 하나님은 아브라함 이후 이스라엘 역대 왕조, 특히 다윗과 그의 아들 솔로몬, 수많은 선지자들을 통해 약속하셨고 말씀하셨다. 이스라엘 민족이 하나님의 율법을 마음과 뜻과 정성을 다해 온전히 섬기고 진리 신앙에서 벗어나지 않을 때 열방 가운데 하나님이 함께하셔서 그의 나라를 견고하게 하시리라고…

 종합하여 볼 때 적어도 특히 영적 환난기에서는 그리스도인들이 진리에서 이탈하게 되면 적그리스도의 세력으로 형성되는 것이다. 사망의 세력은 교회 안에 이틈을 이용해서 슬그머니 영적으로 침투하여 교회 모습을 육신주의 신앙으로 변질시켜 나가는 것이다. 육신주의 신앙은 진리 믿음에 대해서는 영적으로 캄캄할 뿐이다. 눈이 있어도 보지 못한다. 영의 눈이 멀어 눈뜬 소경이나 다름없다.

 오늘날 현대문명에 의해 발전된 문명의 이기들(예를 든다면 바코드 등)이 교회를 핍박하는 적그리스도 짐승의 표가 되어 성도들은 매매도 못하게 하며 옥죈다고 일부 신학자나 목회자들이 주장하고 있다. 그리고 많은 자들이 이에 동조한다. 어떻게 이런 해석에까지 이르렀는지 신기할 뿐이다.

 바코드 등 문명의 이기들은 문명의 이기들 그 자체일 뿐이다. 그것이 생명체인가. 영적, 비영적인 생명력을 갖고 인간의 마음을 조종할 수 있는 것인가. 그것은 인간이 이용하는 경제적 수단에 불과한 것이지 어떻게 적그리스도의 짐승의 표가 될 수 있는가. 왜 적그리스의 정체나 짐승의 표를 인간 이

외에 것으로 국가, 문명의 이기로 한정하는가. 왜 문자적 해석주의 이해의 한계에서 벗어나지 못할까.

 짐승의 표를 받는다는 것은 적그리스도의 사상을 받는다는 것을 의미한다. 부활과 변화의 진리 신앙이 아닌 육신 신앙, 물질주의 신앙, 기복주의, 인본주의 신앙에서 벗어나지 못하는 것이 사탄의 계략이요, 율법육신주의 사상에서 진리신앙으로 초월하지 못함이 짐승의 표인 것이다. 누가 알 수 있겠는가. 영안이 열리고 순교와 산 순교의 신앙으로 모범을 보일 자, 곧 영적 지도자들이 다 소경이 되어 소경을 인도하니 모두 눈뜬 소경의 현실이 된 모습에 안타까울 뿐이다.

 뜨인 돌에 의하여 신상이 무너지고 부서진다. 적그리스도의 세력이 무너진다는 의미이다. 역사의 마지막 심판은 영적 바벨론성의 무너짐이다. 이미 교회가 영적 진리 신앙에서 이탈하여 육신, 교권주의, 인본, 물질, 기복주의로, 은사주의로 그 한계를 극복하지 못한 현상을 보이는 이것이 큰 성, 비밀인 영적 바벨론이요, 짐승의 정체이다.
 이들 세력은 부활체, 변화체 진리 성도에 의해 무너진다. 첫째 부활 역사로 무저갱에 던져지는 것이다.

 오늘날 진리가 왜곡된 가견적 예배당주의 교회 세력이 적그리스도의 세력이 됨을 왜 인정하지 못하는 것일까.
 금 머리 바벨론, 은의 메대바사, 놋의 그리스 헬라, 철의 나라 로마, 쇠와 진흙으로 섞인 나누일 나라 유럽 등 요한계시록 13장에 언급된 두 짐승을 바티칸, 현대의 패권국가 미국 등으로 보는 견해, 그들이 정치사적 배경이 될 수는 있지만 어찌 적그리스도로 단정하고, 호도함으로 수많은 영혼들을 미혹할 수 있는가. 왜곡되어도 오늘날 교회는 너무 왜곡된 현상을 보인다.

어느 시대마다 이스라엘이, 교회가 진리 신앙에서 벗어날 때 그 자체가 적그리스도가 되는 것이지 이방 국가 세력은 이미 성전 밖의 모습으로 심판받은 것이나 다름없는 것이다.

이스라엘이 하나님의 율법에 불순종할 때, 교회가 거룩한 믿음의 모습에서 이탈하여 하나님의 뜻에 반하는 배도 현상을 보일 때, 즉 불순종할 때 하나님은 이스라엘과 교회의 적그리스도적 신앙을 책망하시고 돌이키지 않을 때 이방 세력을 들어 심판하신 것이지, 심판의 도구를 적그리스도 자체로 단정할 수는 없는 것이다.

교회가 흔들리면 세상이 흔들리는 것이다. 교회의 머리는 예수 그리스도이기에 그러하다. 세상의 머리가 교회인데 교회가 흔들리면 다 흔들리는 것이다. 성도의 역할이 이러한 면에서 얼마나 중요함을 알 수 있는 것이다. 교회나 성도가 진리 신앙으로 나아가지 못하고 흔들리면 세상이 흔들리는 것이다.

이방 세력을 심판하는 것은 죄가 관영하기에 심판이 되는 것이다. 소돔과 고모라, 애굽, 가나안, 로마, 가톨릭 마지막 패권국 미국? 죄가 관영하기에 심판이 될 것이다. 이들 국가만 해당되는 것도 아니다. 하나님은 방관하지 않으시고 죄가 관영한 나라는 그 어떤 나라라도 정하시는 때에 이르면 심판하시고 미래에도 심판하신다.

하나님이 아브라함에게 약속하신바 기억하시고 이스라엘 백성의 고통을 돌아보셨다 하셨다. 이스라엘 백성을 출애굽 시켜서 하나님의 택한 민족으로서 열방 가운데 하나님의 존재와 이름을 알리시는 것이 하나님의 뜻이었다.

그러나 이스라엘 백성은 순종과 불순종을 밥 먹듯 하였다. 심지어 금송아지를 만들어 하나님을 격노케까지 하였다. 광야 생활 초기에 하나님은 사실 원망과 불평 등으로 불순종하는 이스라엘 모습을 보며 실망한 나머지 다 쓸어버리시고 모세를 통하여 새로운 민족을 형성하시려고까지 하셨던 것이다.

이스라엘 백성에게 의가 있어 구원하심이 아니라 하였다. 가나안의 죄가 관영했기에 그를 심판하시기 위함이라고 성경은 전한다. 이같이 이방 나라도 죄가 관영하면 분명히 하나님 앞에서는 심판된다는 사실이다.

하나님을 경외하지 않고, 정의와 공의로 나아가 부활과 변화하지 않는 모든 세상 모습과 교회 모습은 적그리스도적 행위이다. 성경 역사를 보더라도, 세상 역사를 보더라도 하나님이 세계사 흐름에 역사에서 깊은 섭리 가운데 함께하심을 다시 한번 깨닫고 인정하지 않을 수 없다.

현재 세계교회사의 현주소는 분명 한국교회다. 한국의 교회가 그 중심에 서 있다. 그리고 성경과 세계역사에서 알 수 있듯이 한국교회도 진리 신앙에서 왜곡되어 이탈해 적그리스도화 되어간다면 무저갱으로, 황충의 화로, 마병대의 화로 심판되는 것이다.

"...천사가 가로되 왜 기이히 여기느냐 내가 여자와 그의 탄 바 일곱 머리와 열 뿔 가진 짐승의 비밀을 네게 이르리라 네가 본 짐승은 전에 있었다가 시방 없으나 장차 무저갱으로부터 올라와서 멸망으로 들어갈 자니 땅에 거하는 자들로서 창세 이후로 생명책에 녹명되지 못한 자들이 이전에 있었다가 시방 없으나 장차 나올 짐승을 보고 기이히 여기리라 지혜 있는 뜻이 여기 있으니 그 일곱 머리는 여자가 앉은 일곱 산이요 또 일곱 왕이라 다섯은 망하였고 하나는 있고 다른 이는 아직 이르지 아니하였으나 이르면 반드시 잠깐 동안 계속하리라 전에 있었다가 시방 없어진 짐승은 여덟째 왕이니 일곱 중에 속한 자라 저가 멸망으로 들어 가리라 네가 보던 열 뿔은 열 왕이니 아직 나라를 얻지 못하였으나 다만 짐승으로 더불어 임금처럼 권세를 일시 동안 받으리라..." (계 17:1~18)

핵심본문만 제시하였다. 요한계시록 17장 전체를 참고하시길 바란다.

일곱 왕 일곱 머리 여자가 앉은 일곱 산이라 하였다. 여자는 교회를 의미한다 하였다. 교회가 신앙을 전개시킴에 있어서 그 이면에는 적그리스도의 정체를 시대마다 배경으로 해 왔다는 의미이기도 하다.

애굽, 앗수르, 바벨론, 메데바사, 그리스 헬라, 사도 요한이 보기에 이 다섯은 망하였고, 하나? 로마는 있고, 다른 이? 일곱째 왕인 중세 가톨릭, 이는 아직 이르지 아니하였으나 이르면 반드시 잠깐 동안 계속하리라.

여덟째 왕은 다섯 왕처럼 전에 있었다가 지금(사도요한의 요한계시록 저술 시기인 로마시대를 말함) 없어진 짐승이라는 것이다. 교회시대 끝에 나타날 짐승의 정체인 것이다. 이는 일곱 중에 속한 자라. 즉 가톨릭에 속한다는 의미이다. 과거 일곱 왕들과 맥을 같이한다는 영적 의미이다. 기독교가 카톨릭에 기원하기도 한다. 마지막 때가 되면 교회도 가톨릭처럼 적그리스도 역할을 하게 된다는 의미이다.

열 뿔 열 왕이 짐승으로 더불어 임금처럼 권세를 일시 받아 행세한다. 율법주의 권세를 말한다. 유대교 외식화된 율법주의요, 가톨릭의 교권주의요, 교회의 육신, 율법주의이다. 율법주의의 핵심은 십계명이다. 적그리스도가 얼 토당토한 것을 세워 권세를 부리는 것이 아니다. 하나님의 이름을 내세워 미혹한다. 그것이 율법주의 권세로 활동하고 미혹하는데 진리 신앙은 도외시키고 슬그머니 육신주의로 영적인 신앙에는 둔감케 하며 미혹한다는 것이다.

하나님의 십계명이 유대교 율법주의로 형식, 외식화되어 왜곡되었듯이, 교회시대에서도 하나님의 말씀이 왜곡되어 권세까지 차지하고 진리 신앙을 왜곡한다는 영적 의미이다. 이때가 되면 앞에 세 뿌 즉 하나님과 관련 있는 십계명 중 1, 2, 3계명 세 뿌리가 영적 권위를 잃게 된다. 즉 오늘날 교회가 진리 없는 인간 하나님이 되어가는 것이다.

유대교, 가톨릭 모두가 기독교를 포함하여 하나님의 율법과 말씀을 강조한 세계였다. 그러나 그들은 심판을 피하기 어려웠고, 적그리스도 정체 본질로 또한 심판을 받았고 또 받을 것이다.

이들이 진리로 나오지 못하고 어린양에게 대적하였으니 심판을 피할 수 없는 것이다. 그러나 이들 세계에서 어린양의 인도로 부르심을 입고 빼내심을 얻은 진실한 진리 성도들은 이기어 주님 재림과 동시 첫째 부활과 변화체되어 새 하늘과 새 땅을 이루는 것이다.

이것이 총체적 교회시대 대환난의 정체이며 적그리스도 정체요, 그들의 하나님의 새 하늘과 새 땅 진리 세계를 가로막는 적그리스도의 진리 성도를 향한 전술 전략이다.

9. 교회사 - 세계사관 입장에서 바라본 임진왜란의 의미

※ 오늘의 많은 교회가 육신교권주의로 변질되었다. 이런 기독교회가 주님 재림역사 앞에 영적 부활과 변화의 진리 신앙으로 나오지 못한다면 적그리스도라는 영적 진단에서 결코 예외가 될 수 없다. 그리고 그러한 교회 모습의 영향으로 돌이킬 수 없는 사회와 세계역사에 악영향을 끼치게 될 것은 자명하다.

이 논고는 영적 개혁 앞에 종교개혁을 거부한 가톨릭 로마와 서구 강대국처럼. 이후 그들의 역사가 세계사에 얼마나 큰 불행한 역사로 영향을 끼쳤는지 반면교사로 삼기 위함이다. '임진왜란' 우리 민족의 전쟁사, 종교와는 무관한 전쟁사라 이해해 왔지만, 조선 중기 임진왜란은 세계사 흐름 가운데 가톨릭의 영향을 받지 않았다 할 수 없다. 그 영향 중 하나로 전혀 무관하지 않다는 것이다. 우리는 그동안 교회와는 아무 관련 없는 역사적 사실로 인식해 왔겠지만, 다음과 같은 논고를 통해 그 피해와 영향을 살펴보고자 한다.

들어가는 말

위 제목에 관련하여 민경배 교수의 《한국기독교회사(韓國基督敎會史)》 저서에서 '일본을 통하여 접촉된 기독교'라는 내용을 참고하여 필자의 의견을 더하여 기술하고자 한다.

민 교수는 그의 저서에서 가톨릭 예수회 정체에 대해서 나름대로 정확한 역사관을 가지고 평가함과 아울러 임진왜란을 계기로 접촉된 한국 문화와의 관계에 있어 아쉬움과 '왜 하필이면 전쟁을 통하여…'라는 여운 속에 조선 사회가 기독교 문화를 받아들여야만 했나 라는 끝내 아쉬움을 표하고 있다.

필자는 임진왜란을 다각도로 이해하기 위해서 먼저 임진왜란 약 1세기 이전 서구사회에서 일어난 종교개혁을 이해하여야 한다고 생각한다. 종교개혁 이후 가톨릭 강대국가들이 취한 세계사적 식민지 쟁탈전과 자원 탈취 목적의 만행, 그 결과와 그 끼친 영향을 결코 간과할 수는 없다고 보기 때문이다.

기독교와 천주교(가톨릭)는 용어사용 면에서도 철저히 구분되어야 한다고 생각한다. 천주교를 기독교와 동일시하며 포함시키는 사회적 인식과 오늘날 교계 일부 현실은 철저히 지양해야 한다고 보는 견해이다. 이는 유대교까지 그 이상의 종교문화도 결국에는 기독교에 포함할 수 있는 원리가 되기 때문이다.

프로테스탄트 정신에 의해 종교개혁이 시대적으로 이루어짐은 율법주의 유대교에서 개혁적 초대교회 사회로 전환과 맥을 같이 하여야 할 것이다. 이는 종교개혁 이후 가톨릭 교회가 프로테스탄트 운동에 반하여 아프리카, 아메리카, 아시아 즉 전 세계를 향해 '세계 교구화'라는 미명하에 자원 쟁취와 식민지 정책으로 세계사 아니 그 이상 인류사에 가장 큰 불행한 역사를 남긴 것만으로도 충분이 증명될 수 있는 것이다.

서구는 세계사에 있어 이후 포식자 역할을 했으며, 아프리카, 아시아, 아메리카 대륙은 스스로의 운명조차 결정함에 제한을 받기까지 한 것이다.

종교개혁에 반한 구 가톨릭은 동방 끝에 위치한 평화의 나라 조선에까지 결국에는 그 마수의 손길을 영과 혼도 없는 왜구 일본을 통해 임진왜란으로 인류사에 씻지 못할 영향을 끼치게 된다.

결국 조선은 이로 인하여 훗날 대한제국이 망하는 그 순간까지도 천주교 박해사를 이어올 수밖에 없는 부정적 외부 세계에 대한 역사관을 취하게 되었다. 그리고 더 큰 민족의 존재 위기인 대한제국의 멸망의 순간까지 몰렸고, 끝내 일본 제국주의 세력에 의해 임진왜란도 모자라 식민지로까지 전락하게 된 망국의 흐름을 피할 수 없게 되었던 것이다.

한 세기가 가깝도록 식민사관을 거쳐 나온 한국사에 민경배 교수의 임진왜란에 대한 그의 저서를 통한 연구는 교회사 연구에 대한 중요성뿐만 아니라 한국사 연구 방향을 재고할 요소가 있음을 분명히 제시하기도 하여 찬사를 아끼지 않는다.

임진왜란 이전의 우리 민족의 이웃 국가에는 어떤 일이 있었던가. 그리고 무슨 일이 일어났는가.

많은 교회사가들이 조선사를 거쳐 나온 천주교를 개신교 선교사들에 의해 형성된 지금의 기독교와 마치 그 뿌리인 양 관련시키고 있다. 이 논리라면 세계의 모든 종교는 모두 다 연관될 것이다.

　중세 종교개혁으로 어어 온 지금의 개신교와 기존의 가톨릭이 조선시대와 한국에 전래 된 역사적 배경은 그 자체가 분명 다른 것이며, 그 영적인 맥락도 완전히 달리하고 있음을 지적하고 싶다.

　이와 같은 역사적 인식이 모호하게 될 때 신학 자체가 발전하기 어려우며 미래사회 예언적 메시지는 하나님 뜻에서 왜곡될 수 있기 때문이다. 대한제국으로 전환기에 개신교 초기 선교사들이 기독교와 천주교를 동일시하려는 조선인에 대해 엄격히 구별하려 했던 것도 이에서 연유한다.

　우리 민족이 조선 중기 임진 난을 통해 잠시나마 접촉이 있었던 가톨릭 예수회에 대해서 좀 더 살펴보고자 한다.

　예수회는 그 배경이 중세로까지 거슬러 올라간다. 1517년 마르틴 루터에 의한 종교개혁 이후 로마 가톨릭은 그들의 영향권에 들어있는 교회의 중심 세력과 국가들이 종교개혁 세력으로 흡수되어가자 가톨릭은 종교개혁에 반하는 세력들을 규합하여 종교개혁 세력의 교세적 확장을 봉쇄할 대 전략을 강구하지 않으면 안 되었다.

　이런 배경에 의해 1534년 등장한 것이 바로 '예수회'(The society of Jesus)다. 나름 '예수회'는 자체적으로 개혁주의를 표방하여 선교 지향적 활동을 전개한다고 하였지만 로마교회에 충성을 바쳐오던 이베리아 반도 세력이 중심에 있었기에 또한 세계 최강의 해군력을 갖고 있었기에 정치적 영향이 전혀 없을 수는 없었다. 이와 같은 당시 사회국가석 배경하에 결국 예수회는 이그나디우스 로욜라(Ignatius Loyola)와 프란시스 사비에르(Francis Xavier) 중심인물로 역사 무대에 등장한 것이다.

중세교회가 종교개혁을 기점으로 분열이 되자 가톨릭은 프로테스탄트(지금의 개신교=기독교)에 대항하는 길은 스페인, 포르투갈 등 세계 최강의 해운력을 바탕으로 세계 도처에 가톨릭 신앙을 확장하는 것이라 여겼던 것이다.

이것이 예수회가 탄생하게 된 결정적 배경이 된다. 그리고 이와 같은 배경 하에 그들은 세계를 향해 실천에 옮기기 시작하였다.

예수회 지도자 중 사비에르 신부는 포르투갈 왕의 요청으로 1541년 4월 인도와 극동에 파견되게 된다. 아시아를 향해 그 행로를 이어갔고 훗날 임진왜란 발발 약 반세기 전 일본에 천주교를 전파한다.

천주교가 전래되기 전 일본의 당시 시대적 상황은 오다 노부나가 시대로 봉건시대 영주이자 무사 계급인 다이묘들의 전성기 초기라 할 수 있다.

사전 일본선교에 대해 사회, 심리학적 통찰과 정치적 생태구조까지 일본에 대한 이해를 철저히 준비한 사비에르 신부는 1549년 7월 큐슈(九州)에 상륙하게 되어 일본 열도에 천주교를 전파하기 시작한다.

사비에르는 처음 다이묘들과 친숙하게 관계를 유지하였고, 그 후 예수회 신부들은 당시 통치자 오다 노부나가의 관용하에 상당한 포교의 결실을 거두었다.

세계 어느 정세와 변화에도 변화무쌍한 일본의 수용 능력은 서구 해양세력을 등에 업은 가톨릭 교리를 받아들이는 데 있어서 조선의 입장과는 달리 매우 적극적이었다.

일본 입장에서는 고대로부터 지속된 조선, 명 등 대륙 국가에 비해 국력이 열세였기 때문에 가톨릭을 통한 서구 문명에 눈을 뜨게 되자 이전 시대에도 그랬지만 당시 동양보다 앞서 서구 문명에 더 적극적일 수밖에 없었던 것이다.

가톨릭의 수용은 명분뿐이지 일본의 심저 배경엔 서구 문명에 의한 군세의 확장이었던 것이다.

오다 노부나가 다음으로 실권을 잡은 도요토미 히데요시도 가톨릭에 대해서 초기 관용적일 수밖에 없었던 것은 군세 확장이란 정치적 배경을 무시할 수 없었던 것이기도 하다.

일본의 중세 이후 조선과 명나라에 대한 국력의 역전 현상 변화에는 분명히 가톨릭의 영향이 지대하였다 볼 수밖에 없다.

가톨릭 입장에서 1549년 일본선교가 시작되어 1592년 임진왜란이 일어나기까지 40년 이상 상당한 성과가 있었다. 임진왜란시 왜군 중 10% 이상이 가톨릭 신도였고, 침략의 총사령관인 고니시 유끼나가는 세례명까지 받은 인물이었으며 그의 군단의 병사들은 거의 전부가 가톨릭 신자였다.

구츨라프(K.F.A. Gutzlaff, 1803~1849)기록에 의하면 '임진왜란 당시에 장군들은 대게 전부, 그리고 사병들도 대부분이 기독교(천주교)인 이었다' 한다.

도요토미 히데요시의 '조선침공정책'은 정명가도(征明假道)를 내세웠지만 배불적이며 일본내 통일을 저해하는 요인인 다이묘, 즉 무사들을 와해시키는 정책(해외 거주지 확보)과 군의 가톨릭 신도들의 비율이 증대하자 오히려 반 가톨릭적 감정의 요소 등 복합적 요소에 의하여 임진왜란이 발발하게 된 배경이 된다.

이런 배경하에 시작된 임진왜란에서 일본은 침략자의 깃발에 십자가 형상까지 그려 넣고 거친 발을 조선 전 지역에 옮겼다. 십자가 표지 아래 남달리 인간적이요, 덜 잔인한 살상을 했다는 기록은 하나도 없다.

기습적인 왜군의 침략을 당하자 조선의 강토와 백성은 처참히도 유린당하게 된다. 지금으로부터 1세기 전 대한제국 망국에 이어진 식민지하 일본의 악랄한 만행은 적그리스도적 가톨릭의 정체성과 하등의 다를 바 없이 어제 오늘의 문제만이 아니기에 오늘날 우리에게 역사의식과 기독교 사관 의식을 재성찰하게 한다.

왜군의 포악으로 서울의 노변에는 아사한 시체가 여기저기 흩어져 떼를 이루었으며, 그나마 산 자들은 솔잎과 뿌리로 목숨을 연명했고, 어린이들은 죽어 있는 모친의 젖을 빨며 방황하였으며, 서울 수구문 밖에는 내다 버리는 시체가 산같이 쌓여 그 높이가 성보다 더했다고 기록하고 있다.

'취포한 일(一) 명병(明兵)들이 노상에서 구토하매 사람들이 서로 달려들어 다투어 먹고, 약한자는 그것도 못 얻어먹고 호곡하였다'하며 그들 기록에 의하여 전해지고 있다.

세례명까지 받았다는 고니시는 도요토미 히데요시의 명(命)에 의해 기록에 의하면 20여만 명 이상의 조선인의 코와 귀를 베어가 오늘날까지 일본에는 그 무덤이 남아있으며 일본의 정치가들이 제일 먼저 참배하는 장소 중 하나가 되어 선조들의 업을 찬양하는 활동으로 한국인을 분노케 하고 있다 한다.

차마 하나님의 형상으로 지음 받은 인간으로서는 도저히 그 유례를 찾기 힘든 경우의 짐승 같은 만행이며, '역사는 결코 과거로 끝나지 않고 반복된다'라는 교훈을 1세기 전 대한제국의 멸망과 그 수탈과 만행으로 우리에게 증명하였던 것이다.

파죽지세로 북상하던 일본 왜군이었지만 도처에서 봉기하는 조선 의병들의 치열한 순국의 반격과 뒤늦게 참전한 명군 반격에 의해 후퇴하게 된다. 1592년 초 조선 해협을 건너왔던 왜군은 7년 후 마지막으로 철수하는 시기엔 극소수 아니면 거의 다 고국에 귀환하지 못하고 산야와 바다에서 피살 되었거나 추위와 굶주림에 죽어갔다.

주목할 점은 명군과 함께 조선의 반격이 거세지자 왜군은 전선을 조정하게 되는데 울산과 웅천으로 조정하여 전쟁의 양상이 교착상태로 이어진 시점이다.

이 시기 고니시 휘하 군단의 압도적인 수가 천주교인이었기에 고니시는 당시 일본 예수회 교구장 코메즈(Pierre Comez)에게 종군 신부를 청빙하는 서간을 발송하고, 코메즈는 이 청빙건으로 포르투갈 신부인 그레고리오 세스페데스(Gregorio de Cespedes)를 일본인 후깐과 함께 조선에 파견하게 되는데 이가 1594년 12월 28일 역사상 최초로 조선 땅을 밟게 되는 천주교 성직자가 된다.

종군 신부인 세스페데스와 코메즈와의 오간 서신에는 그의 여행 일정, 조선과 왜군 사이에 진행된 화평공작, 고니시와 함께 마련한 영내의 예배 처소, 왜군 군졸들이 겪은 굶주림과 추위, 그리고 여러 군사들의 고해 성사에 관한 기록이 있을 뿐이다.

하나님 섬김을 제일로 여긴다면 그들의 편지 속에 무엇보다 성직자 입장에서 비운에 우는 한민족의 상황과 조선인에 대한 선교의 착상, 그리고 이 겨레가 겪은 목불인견(目不忍見)의 참화, 그리고 짓밟힌 영혼에 대한 안부에 대해서는 전혀 관심이 없었을까 하는 점이다.

종교개혁을 맞이하여 새 시대를 향한 교회의 변화를 거부한 천주교의 심장은 그리스도를 거부한 유대교 지도자들과 마찬가지로 적그리스도화 되어 아프리카, 아메리카, 동서남아시아는 물론 조선반도에 이르기까지 전 세계에 그리고 결국 우리에겐 불행한 역사로 왜군과 함께 흘러들어 왔던 것이다.

세계사적으로 보면 하나님 형상의 가치를 가진 인간이 무참히 짓밟힌 역사가 수세기 동안 이어진 것이다. 이런 폭력과 만행적 역사 앞에 가톨릭의 영향은 결코 자유로울 수 없으며 오늘날 청교도 정신으로 출발한 미국에 영향을 준 기독교도 마찬가지이다.

　이런 역사적 배경에 의해 민경배 교수는 '임진왜란' 이란 경로를 통해서 천주교가 조선인에게는 절대적으로 수용될 수는 없었다고 단정한다.

　끝내 세스페데스의 조선 체류는 천주교인 고니시와 불교도인 악명 높았던 가또 기요사마 장군과의 알력 싸움으로 반년 정도 머물다가 이듬해 일본으로 되돌아간다.

　일본 군영내에 행해지는 미사를 조선인이 지켜보게 된 결과, 그리고 이와 같은 일련의 과정들은 결코 조선 입장에서 천주교를 긍정적 시각으로 보게 하는 데에는 전혀 유익하지 않았다.

　전쟁의 와중에서 또 수많은 조선인은 노예로 잡혀가게 된다. 이들은 군비를 조달하는 방편으로 포르투갈 상인들에게까지 팔려 가는 참상까지 겪는다. 천주교 선교사들의 양심이 조금이나마 남아 있었던지 그들은 노예 문제에 대해 비인도적 일본의 만행을 '불의'로 저주하였다.

　그러나 이것도 종교상 명분이지 실정적 효과는 없었으며 한낱 조소거리로만 끝나고 말았던 것이다. 선교사들이 할 수 있는 일이라고는 조선의 노예들을 상인과 군인들의 독아(毒牙)에서 탈출 시켜 이들의 신변을 안전하게 해주고 한 걸음 더 나아가 천주교인화 하는 것뿐이었다.

　육체의 부자유와 극단의 공포, 불안에 싸인 채 나라 잃은 포로의 몸으로 서러운 하루하루를 덧없이 보내던 조선인들은 천주교 선교사들의 배려 속에 깊은 영혼의 안주와 그나마 지열(至悅)한 위로를 찾을 수밖에는 없었던 것이다.

　임진왜란의 후유증은 조선 내에 잔혹한 왜군의 만행과 상흔, 그리고 일본으로 잡혀간 조선인 노예들의 서구로의 제2의 노예로, 또는 일본에서 천주교인화 되었고, 더욱이 도요토미 히데요시 이후 천하의 패권을 잡은 도쿠가와의 엄격한 천주교 박멸 정책 하에 조선의 포로 신도, 혹은 귀화 신도는 고귀한 신앙의 꽃을 장엄한 순교의 향기로 이국 하늘 아래 피워 사라진 것으로 일단락 대단원의 막을 내리게 된다.

임진왜란에 대한 역사적, 교회사적 주요 관점을 정리해 보고자 한다.

먼저 조선이 겪은 외부적으로 들이닥친 역사적 불운의 사건이라기보다는 내부적으로 당연성 차원의 관점이다. 이런 관점은 교회사 적용에도 마찬가지이다.

조선은 개국 이후 명나라와의 관계에 있어서 말(馬)의 조공 관계로 과거 기마부대로서의 군사력마저 약화 되었으며, 몇 번에 걸쳐 총기 제작 등의 기회를 상실한 조선으로서는 임진왜란 직전 조선 중기 내정의 혼란이라는 악재까지 겹쳐 역사의 기운이 기울고 있었다.

게다가 주변 정세에 대한 예리한 판단력마저 상실하여 왜국 일본에 대한 '침략정책'이란 호기(好機)마저 제공하였던 것이다.

이는 어찌 보면 당시 불운했던 조선의 정치사가 겪었던 난으로 귀결시킬 수 있지만 수천 년 아니 그 이상 우리 민족의 역사에서 볼 수 있듯이 지도층의 리더십 부재이다. 지도층의 리더십 부재가 가져올 결말이 얼마나 백성과 인간에겐 불행하고 처참한가를 보여주는 실례라 아니할 수 없다.

필자의 민족사학적 역사관에 비쳐 볼 때 고대로부터 이어진 현대사에 이르기까지 우리 민족 역사의 수많은 외부 침략으로 이어진 전쟁과 흥망성쇠는 지도자뿐 아니라 모든 인류가 추구해야 할 근본적 인간의 존엄성이 훼손되는 정치력으로 나타날 때 얼마나 비참한 대가를 경험해야 하는 가를 불행한 전쟁사를 통해 증명한다는 사실이다.

우리 민족의 국운이 기울 때 임진왜란은 필연적 역사 과정의 결과물이기도 하다.

세계 고대사에서 가장 변방국이었던 수메르는 인류문명의 시조로까지 고고학적으로 인정받아 그중에서도 히브리 역사를 통해 오늘의 기독교 문화의 흐름과 역사를 주도하는 형국이 되었다.

반대로 우리 민족은 과거 아시아 중원의 중심 역사 강역에서 점점 축소되어 급기야 망국의 시기를 거쳐 지금에 이르고 있다. 거룩한 하나님의 형상의 문화로 변화시키지 못할 때 수천 년 아니 그 이상 역사를 통해 철저히 망국의 역사로까지 내려오게 된 것이다.

예수회 문제도 언급하였지만, 이는 또 다른 교회사적 관점이고 임진왜란 자체는 조선의 정치사적 문제이기도 하고 영적 이스라엘 신앙에서 떠나고 회상조차 못하는 우리 민족이 겪어야만 했던 환란의 운명적 흘러가는 강물속의 한 사건으로도 바라보게 한다.

불운의 역사적 현실들을 직시하고 인간의 가치와 존엄성을 최고로 추구하는 인류 문화에 대한 인식이 부재할 때 비참하리만큼 불행한 역사들은 항상 반복 된다는 사실을 깨닫길 바랄 뿐이다.

임진왜란은 결국 메시아를 알아보지 못한 유대인들이 함께 헤롯과 빌라도가 야합하여 예수를 죽음으로 내몰 듯, 일본과 변질된 천주교 세력이 야합되어 우리 역사에 현실적 고난의 한 전쟁사 사건으로 나타났던 것이다.

세계사도, 교회사도 변질된 리더십과 종교문화의 배경이 되는 근본적 원인들을 일소하지 못한다면 한민족의 역사뿐 아닌 교회 역사도 제2의, 3의, 4의 역사적 불운은 미래에도 당연한 현실이 될 것이다.

다음으로는 기독교 역사 흐름을 거스르는 가톨릭 예수회에 관하여 언급하고자 한다.

반종교개혁 세력을 규합하여 예수회가 등장한 것 자체가 개혁주의 기독교의 역사적 점진성 면에서는 어떻게 수용될 수 있을까 라는 점이다. 결국, 예수회는 정치적 요소와 결합하여 세계적으로 반인륜적 만행행위를 보임에 수수방관자 입장이었다.

이는 조선에서만의 문제가 아니라 서구 가톨릭이 '세계 교구화'라는 명분 아래 종교개혁 이후 보여주었던 식민지 세계사에서 낱낱이 증명되고 있다.

하나님의 존재를 모르는 이격된 문화적 국가, 즉 종교적으로 이민족이라 하더라도 인간의 존엄성, 생명까지 유린하고 짓밟는 행위는 적그리스도적 입장에서 설명할 수밖에는 없는 것이다.

임진왜란 중 명나라가 조선을 돕는다고 해서 파군을 결의하고 서두를 때 묘하게도 명군의 총사령관이 마테오리치(Matteo Ricci, 1552~1610)를 방문하고 조선 내에서의 군사작전을 포괄적으로 진단한 바 있다. 조선반도의 핍절한 백의 겨레 참담한 운명의 언저리에서 한쪽에서는 일본주재 예수회가, 다른 쪽에서는 명주재 예수회가 각각 작전 교사를 하였던 것이다.

천주교(가톨릭)가 지금까지 교회의 전승을 유일하게 잇는 주체라고 자칭 주장한다면 정식 외교 관계에 기반한 비기독교 상대국에 문을 두드려야 할 것이지, 그리고 개방하지 않는다면 성실과 인내로 상대국의 존재와 인간의 존엄성 인권을 존중해야 할 것이지 전쟁을 통한 방법은 어떤 면에서 이해할 수 있는가 라는 점이다.

사실 이는 기독교도 마찬가지이다. 미국, 영국 등 기독교 국가가 19세기 말 아시아국가의 문호를 개방하기 위해 특히 중국, 조선에 총과 화포를 들이댄 것만 보아도 알 수 있는 사례이다.

천주교에서는 일부 순수한 선교사로 삶을 살아간 자도 분명 있다. 그러나 종합적으로 평가한다면 시대적 정치적 요소와 결합 된 예수회는 세계역사 문명 흐름에 비춰볼 때 결과적으로 적그리스도적 결과로 귀결이 되었다.

그리고 이 여파는 국운이 기울던 조선 땅에도 '임진왜란'으로 막대한 영향을 주었으며, 훗날 조선 지도층에 글로벌 문화 유입에 대한 부정적 쇄국정책이란 의식을 뿌리내리게 하여 망국의 상황으로까지 내몰았음을 부인할 수는 없는 것이다.

마지막으로 '왜(倭, 일본)'에 대한 관점이다.

세계는 명치유신으로 재기한 일본이 근대 제국주의로 성장하여 아시아에서 2차 세계대전의 전범국이 되기 전까지의 일본 민족의 특성과 실상을 잘 이해하지 못하였다.

대한제국의 강점과 중국을 비롯한 동남아시아 침략전략과 만행 등에서 나타난 일본의 야욕은 세계사의 주목의 대상이 되었고, 일본이 가했던 반인륜적 만행은 하나님의 공의와 정의에 반한 적그리스도적 행위로 귀결될 수밖에 달리 표현할 수 없다.

연합국에 의해 일본의 야욕은 일시적 거세가 되었지만 본질은 지금도 이어진다 할 수 있겠으며 특히, 아시아권에서는 'The rise of Japan(일본의 등장)'을 현대사에 있어서도 경계하고 있는 상황이다.

2차 세계대전의 전범국 중 하나로 '일본'이란 나라는 세계사에 강한 인상을 각인시켰지만, 일본의 아시아 침략전쟁에서 보여준 반인륜적 만행은 임진왜란을 통해서도 확인이 되었고, 근본적으로 변하지 않는 역사적 관점을 갖게 한다.

일본은 천주교가 전래 될 때 사실상 선교에는 관심이 없었으며 각 영주들은 경쟁적으로 서양식 무기 확보에 혈안이 돼 있었다. 즉 천주교 수용에 앞서 화승총이 먼저 들어옴으로 그들의 종교정책이 어떠한가 한 단면을 보여주었다.

일본이란 나라는 결국 섬나라의 한계성을 극복하고 선진문화의 유입을 통해 그들의 부국강병을 추진할 수밖에 없는 지정학적 입장이다. 따라서 민족성 또한 자체 문명의 발전을 기대할 수 없는 운명적 현실성에서 초월하려면 약육강식(弱肉强食)의 침략적 정책이 일본의 지도층과 백성들에겐 저변이 될 수밖에 없는 지금까지의 일본 민족성과 역사의 본질이라는 사실이다.

이는 섬나라 한계의 특성을 갖는 국가들에게서 발견되는 공통적 특성이며 영국 등의 역사에서도 이해할 수 있는 부분이다. 그들의 이웃 민족은 수십 세기 동안 침략을 당했고, 아니 어쩌면 미래 역사에도 침략성에 노출된다 하겠다.

결국 천주교는 그 자체로 일본에 설 수 없었고 국가의 정책 속에 이용되는데 불과했다. 1630년 포르투갈 선교사들은 결국 도쿠가와 막부의 쇄국이란 된서리를 맞고 일본에서 손을 떼어야만 했다.

종교개혁에 반한 가톨릭 예수회와 왜국의 야합은 조선에 불행한 역사를 기록하게 하였고, 이는 조선 말기에 이르기까지 외부 문화 유입에 대한 조선국가 지도층에 부정적 역사관을 심어 결국 조선의 국운이 기울게 되고 대한제국의 몰락까지 이르게 하는 돌이킬 수 없는 부정적 영향을 주게 된다.

마무리하고자 한다.

역사는 맥을 통해 계속 흐른다. 역사의 강물은 과거를 과거로만 단정하지 않고 오늘 그대로 우리에게 이어지며 미래를 향해 나아간다.

민족성이든 종교사 등 변하지 않는 육신주의 본질에 창조적인 기독교 문화를 구현하기 위해서는 기독교의 부활과 변화의 정신이 절대적임을 깨닫게 된다.

그리고 오욕의 역사를 반복하지 않기 위해서는 환골탈퇴(換骨脫退)의 정신과 실천이 요구되는데 이것이 곧 기독교 본질의 부활과 변화신앙이다. 부활과 변화의 신앙은 끊임없이 한국사와 교회사에 던지는 질문일 것이다.

3부

어느 증인의 삶

1. 어느 여종의 삶(육신주의 삶은 끊으시고 영의 이끌림 받으신 나의 증인)

필자는 아주 오랜 시간을 먹먹한 세월로 보냈다. 이미 운명하신 지 적지 않은 세월이 흘렀지만, 모친 생각에…. 뒤돌아보아 생각하면 필자에겐 어머니였지만 한 여성으로, 여인으로, 한 인간으로 모진 세월 어떻게 그리 초월적인 인간의 삶을 살아오셨는가 생각하면 너무 위대한 삶에 경의를 감출 수 없다.

모친의 나이 10세 되던 해(1942년) 외조모가 딸만 낳고 아들을 못 낳자 외조부는 둘째 부인을 들이게 된다. 그리고 이내 또 이복 여동생을 두게 되는데, 위로 언니 둘에 여동생, 이복동생까지 합이 다섯 자매가 된 것이다. 모친은 셋째 딸이다. 사실 모친 위로, 그리고 여동생 밑으로 아들이 태어났었지만 홍역에 이은 경기로 이내 출생 후 어린 나이에 사망하게 되었다 한다.

이내 불행한 삶이 시작되고 끔찍한 일이 벌어졌다. 외조모의 죽음이다. 외조모는 용문산 장뜰(조현리) 전통 양반가의 무남독녀 맹씨 집안의 자손으로 전주 이씨 문중의 외조부와 혼인했다. 결국 딸자식만 낳게 되는 필자의 외조모는 외조부의 첩을 들이는 모습에 실망하고 절망한 나머지 끝내 어린 딸들에게 씻을 수 없는 상처와 아픔, 평생의 한을 남기게 하고 스스로 인생을 마감하였던 것이다.

모친의 나이 12세, 해방 직전 해(1944년) 어느 여름날이었다. 두 언니는 일찍 시집을 간 상황이고 바로 밑 9세 된 여동생과 모친의 눈앞에서 나무에 목을 매 스스로 죽음을 택했다. 이때 외조모 나이는 마흔 넷이었다.

모친에게 어린 시절 직접 목격한 불행한 외조모의 사망 사건은 평생에 걸쳐

잊을 수 없는 한이 되었다. 그럼에도 원수나 다름없는 계모와 이복동생까지 사랑하셨으며 또한 하나님의 마음으로 모든 이웃을 사랑하셨다. 이렇게 모친께서는 주의 사랑을 몸소 실천하며 운명하는 순간까지 살으셨으니…. 필자가 본 모친의 전 생애는 하나님의 마음에서 떠나지 않으셨다.

지금도 모친을 생각할 때면 먹먹하고 가슴이 미어진다. 생전 모친이 필자인 내게 주셨던 사랑과 몸소 실천한 순교자적인 그리스도인으로서의 삶을 생각하면 경건함과 경외함에 스스로 겸비하지 않을 수 없게 된다.

필자는 이제껏 모친의 산 순교 진리 신앙에는 발끝도 못 따라가는 생각에 부끄러움마저 든다. 어린 시절 모친을 대한민국에서 가장 잘 모시는 아들이 되어야지 다짐했었다. 나름 최선을 다한다고 했지만, 모친의 마음을 헤아리지 못했단 생각에 목회자요, 교육자로 살아가는 필자 자신의 인생이 한없이 부끄럽고 숨을 수만 있다면 숨고 싶은 심정이다. 지금도 모친을 생각하면 먹먹한 심정에 눈물만 흐른다.

20여 년이 더 되었나, 아니면 덜 되었나 알 수가 없어 기억에서 맴돌지만 어머니는 생전에 필자에겐 외조모이고 어머니에게는 친정어머니인 외조모의 무덤을 찾아보고 싶다며 필자를 상품 어느 야산으로 가자고 하셨다.

그도 그럴 것이 6.25 전쟁 끝나갈 무렵 19세 어린 나이에 등 떠밀리듯 고백리 시골 동네에 시어머니도 아니 계시고, 시아버지를 홀로 모시는 아버지와 혼인을 하셨던 것이다. 아무것도 없는 살림에 우리 삼남매를 낳아 키우고 시댁을 일으키려니 친정 나들이인들 제대로 했겠는가.

큰언니와 작은언니가 상품과 송현에 사셨다지만, 외조모가 불행하게 돌아가셨다고 하여 산소 관리조차 하지 않고 50여 년 이상을 방치함에 너무도 맘에 걸려 필자를 동행시켰던 것이다.

 물어물어 산소를 찾아냈는데 산소는 관리되지 않았고 방치되어 있었다. 풀이 무성함은 물론 나무도 자라 산소라 하기가 부끄러울 정도였다.
 "어머니, 왜 산소 관리를 하지 않죠?"
 "두 이모들이 하지 않으면 제가라도 할까요?"
 "아니다. 그냥 두거라."
 "가까이 계신 언니들도 방치하는데 어찌 먼데 있는 우리가 와서 어떻게 하니…."
 낙심한 듯 답하셨다.

 큰이모와 작은이모는 어디서 토템이즘 사상의 영향을 받았는지 자손이 불행하게 돌아가신 외조모의 산소를 관리하면 자식들이 불행하고 못 산다 하여 가까이 있으면서도 이모들은 모친임에도 평생을 산소 관리조차 돌아보지 않았던 것이다. 사실 두 이모는 외조모의 죽음을 소식으로 접했지 목격하지는 않았다 한다. 제일 큰 이종사촌 형이 관리를 원했지만 이내 막았고, 하는 수 없이 절에 위패만을 모셨다 한다.
 둘째 이모 이야기로는 외조부의 재산을 큰언니가 대부분 차지하고 가로챈 상황이라 하여 그 이유로 큰 언니를 원망하며 방치하였고, 자식들이 산소를 돌보겠다 하면 화를 내시고 절대로 가지 못하게 하였다 한다.
 큰이모가 외조부의 재산을 일년 사유화함은 드러난 사실이고 인정히지만, 필자는 생전에 모친의 증언과 지금 생존하신 막내 이모의 증언을 종합한 근거로 볼 때, 둘째 이모의 부지중 둘째 이모부가 이장을 오랜 세월 보면서 처가 재산을 많은 부분 사유화한 것으로 결코 깨끗하지는 못하리라 심증 한다. 그리고 많은 재산과 재물이 계모와 이복 여동생을 통해 낭비되고 분해되자 결정적으로 자매간 갈등의 정점으로 치닫게 된 것이다. 그러나 지금 와서 무슨 이런 논쟁이 필요하겠는가. 당시에는 무주공산과도 같았던 외조부, 맹씨 집안 무남독녀 외조모 상속 재산이었으니….

외조부는 전주 이씨로 필자의 추정으로는 적어도 조선시대 내내 상품을 터전으로 자리 잡았을 것이다. 1933년생이신 모친의 어린 시절은 주로 해방되기 전 상품과 송현이 주 놀이터였을 것이고, 외가인 용문산 자락 조현리에 간헐적으로 오간 것으로 이야기된다.

일제 말기 왜놈들이 두엄 속까지 칼로 찔러 감춰놓은 쌀을 수탈해 간 이야기를 전해 들었고, 심지어 양식이 부족하여 소나무 속 껍질을 긁어내서 삶아 먹기도 하였다 한다. 외조부께서는 해방 전 땅을 희사하여 지금의 상품초등학교(1937년 개교) 기초가 되게 하셨다는 이야기를 하셨다.

상품초는 초대 교장이 일본인이었다고 모친은 증언했다. 그러나 이후 사실 기록을 확인한바 모친이 10세 너머 약 1년 정도 수학한 것으로 볼 때 당시 교장은 2대 안병일 재임시기(1941.7.30.~1945.7.30.)로 일본인은 아니었고, 예상컨대 일본인 교사로부터 수학한 것으로 추측된다.

초등학교 1학년 다니던 모친은 땅을 희사한 외조부 부친의 학교일 간섭의 영향인지 일본인 교사는 어머니를 그리 미워하셨다 한다. 아마도 질시의 시선이었을 듯싶지 않나 추측한다. 그리고 당시 학교라지만 일제 강점기 말기이니 한글인들 제대로 가르쳤겠는가 싶다.

모친은 운문을 못 떼고 훗날 성경을 통해 스스로 깨우치셨다.

상품초에 기증한 땅은 아마도 외조부 사유지 포함하여 이씨 문중 땅으로 개인소유는 아닐 듯하다. 일제 강점기 후반에 이장을 오래 본 외조부의 입김은 문중에서도 발언권이 제법 있었던 듯싶으며 상품초에 땅을 기증해도 문제 될 것이 없었던 듯하다. 모친 증언으로는 외조부가 일본 정책에 협조한 이유로 해방 후 마을 주민들에게 위협을 받을 상황도 있었지만, 물량 공세로 위기를 모면했다고도 한다.

외조부의 모든 재산도 일부는 증조부로부터 상속된 재산이었겠지만 적지 않은 외증조부 맹씨 집안의 어마어마한 재산이었다 한다. 무남독녀인 외조모로 상속되었고, 외조모 사후 외조부와 맹씨 집안 머슴 출신의 양자가 사실상 독점한 상황이었던 것이다.

앞서 언급한대로 외조부께서는 모친의 나이 10세(1942)에 계모(첩)를 두게 되었고, 이 여파로 외조모의 스스로 목숨을 끊는 상황과, 어린 나이의 계모의 구박, 더 나아가 시대적 일제 강점기 시국, 해방 후 이어진 전쟁 등은 모친에게는 결코 안정된 가정환경이 될 수 없었다. 심리 정서적으로 불안한 구조만이 아니라 사회 환경에 대한 공포와 두려운 환경이었고, 심리적 안정을 갖기에는 최악의 상황이었음을 짐작하게 한다.

외조모의 죽음은 12세 어린 어머니와 지금 생존해 계신 넷째 딸인 고성 이모가 9살 되던 해 아마도 1944년 해방되기 직전 해 7월 어느 날에 벌어졌다. 어린 두 딸이 그 죽어가는 모습을 보았으니 어씨 일평생 트라우마로 남게 되지 않으리요.

외조모께서 그리 불행하게 돌아가셨지만 어려 남겨진 모친과 막내 이모는 물론 첫째와 둘째도 마찬가지이겠지만 계모와 그의 딸 이복동생이 원수가 아닐 수 없는 상황이 된 것이다. 그리고 지금은 연락이 잘 안되지만, 또 외조부는 배다른 딸을 하나 더 낳았다 한다. 그러나 이내 그분의 소식을 필자는 알 수 없다.

남겨진 어머니와 지금의 고성 이모는 계모 밑에 공부는커녕 어린 나이에 손빨래와 땔감 나무를 감당하는 등 적지 않은 집안 살림을 도맡아 해야 했다 한다. 머슴 취급받듯 하는 것은 당연하고, 천대받음을 물론 그 시절에 이복동생이 해방과 전쟁 후 대학교까지 공부하는 것을 부러운 마음으로 먼발치에서 바라만 보았던 것이다.

그리고 이내 이른 나이 부모가 연결해 주는 배우자를 따라 반강제로 출가하였던 것이다.

모친이 고백리로 시집을 오게 된 배경은 이렇다. 외조부에겐 3명의 여동생이 있었는데 그중 막내가 고백리 정씨 문중으로 재가하여 정착한 상황이었다. 전쟁 중 서울 상황이 어수선하고 복잡하니 고백리 셋째 여동생 집으로 피난 생활을 하게된 것이다. 자연스럽게 옆집에 있던 필자의 조부와 의형제나 다름없을 정도로 친분 관계를 쌓게 되었고, 독자이신 필자의 부친과 혼인으로 이어지게 된 것이다.

모친은 최초 하나님을 몰랐다. 근데 우연찮게 기독교 신앙에 귀의하셔서 이내 마음의 평정을 찾으셨던 것 같다. 아마도 용산교회 OOO 목사 사택인지, 아니면 어느 장로님 댁에 잠시 가출해 머무르면서 기독교에 대하여 어깨 넘어 이해하셔서 그 이후 평생 신앙으로 살아오게 된 듯하다.

외조부에겐 당시 서울에도 거처가 있어 외조모 사망 이후 모친께서는 외조부를 따라 서울에서도 일시 거주하셨다. 일정 기간 용문에도 거주하였다 한다. 아마도 해방 후 전쟁 시기까지 해당될 것이다.

　모친과 작은이모는 계모 양육 방침에 힘들어하여 견디다 못해 서울에 거주하면서는 집 나가길 여러 차례 하게 되었다. 그럴 때마다 외조부에 의해 다시 붙잡혀 집에 돌아오길 반복했던 것이다. 시집간 언니 집에 오가기도 하였으며, 교회 다니는 집안에 일시 머물기도 하였던 듯싶다.

　모친의 오래전 이야기를 회상하면 어린 시절 일제 강점기와 6,25 전쟁은 세상 살아가는 데에 대한 불안과 공포의 대상이 되었고, 외조모의 불행한 죽음을 목격하면서 더더욱 살 가치를 못 느껴 살고 싶지 않았다고 말씀하셨다. 산다는 게 무서웠고 이리 살아야 무슨 의미인가 늘 고민하셨다 한다. 심지어 동생과 같이 죽으려고도 하였고 가정을 떠나고 싶어 하셨다 말씀하셨다. 어쩌면 반강제로 떠밀려 상상도 못 할 허름한 집안으로 시집감이 그나마 모친에겐 위안이고 도피처였을까 싶기도 하다.

　하나님을 알지 못했다면 아마도 외조모에 이어 스스로 목숨을 끊으셨지 않았을까 지금에 와서 필자는 짐짓 생각해 보기도 한다. 기독교 신앙에 귀의하게 된 배경이 이내 모친 인생의 전환점이 된 것으로 오래전 말씀하신 것이 생각난다.

　모친은 필자에게 생전에 외조모의 죽음을 끝내 이야기하지 않으셨다. 누님에겐 언젠가 한 번 우시면서 모친을 그리워하며 그리 불행하게 스스로 목숨을 끊으셨고, 그 모습을 친히 목격하셨다고 말씀하셨다 한다.

　모친 사망 후 고령으로 생존해 계신 고성 이모의 방문과 뜻으로 외조모 산소를 다시 찾게 되었다. 그리고 외조모의 숨은 죽음의 의미를 확실히 알고는 한평생 한이 되어 겪으셨을 모친의 어린 시절부터 겪으셨을 한과 그 아린 마음을 생각하니 마음의 눈물이 멈추질 않았다.

고백리로 시집을 오신 모친은 목회자 없이 교회의 기초를 세우시고 신앙으로 이웃을 하나 둘 전도하며 가정을 일으키시는 데 일생을 바치셨다.

초기에 동네에는 교회가 없었다. 어쩔 수 없이 이웃 동네에 있는 대관교회로 손아래 마을 청년들과 함께 출석을 하였다. 저수지 길을 건너다니셨다. 어린 누이와 형을 데리고 그리고 필자를 업거나 손을 잡고 늘 변함없이 다니시다가 1970년 이내 고백리에 교회를 세우기로 뜻을 모으신 것이다. 목회자가 없음에도 그와 같은 마음을 가지셨던 것이다.

의기투합한 동네 청년들과 고사교회의 초기 예배를 필자의 초가집을 시작으로 허름한 누에 치는 잠실 공간에서 시작한 것이다. 목회자 없이 드렸던 것이다. 이듬해(1971)에 이내 당숙 어른의 중재와 의기투합한 손아래 동역자들의 협력으로 교회터를 마련하고 교회를 건축하게 된 것이다.

그러나 교회를 세우자 의기투합했던 당시 핵심 구성원들은 막상 재정적 부담에는 인색하였던 듯하다. 성전터 매입에 있어 재정부담은 모친이 대부분 감당하신 것이다. 없는 살림에도 절약하고 절약해서 모친은 그리하셨다. 그리고 내색도 안하셨다.

건축에 들어가는 비용도 만만치 않자 당시 차지철 대통령 경호실장을 ○○○와 함께 직접 찾아가 기부금도 받아내셨다 한다. 여하튼 그렇게 고사교회는 세워져 갔고, 명칭을 변경하여 반석교회로 오늘에 이르고 있는 상황이다.

초기 교회형성의 구성원은 대부분 모친 외에 손아래 청년과 젊은 내외분들이라 교회 기초를 마련함에 터를 매입하거나 건축함에 있어서 재정적 부담이 적지 않아 사실 늘 모친의 몫이었다 한다. 그리고 한계 이상의 재정부담은 기도로 준비하고 여러 지인을 찾아다니며 교회를 세워간 것이다. 모친은 당시 젊은 나이임에도 여성으로서 선구자 역할을 한 것이다.

교회초기에는 목회자가 없어 모친은 양정여고 설립자 ○○○ 목사를 직접 찾아가 청원하여 월 1회 예배 인도를 청하기도 하셨다 한다. 그 후 얼마 되지 않아 감리교 재단에서 목회자를 파송하면서 이내 교회는 목회자 중심으로 정착하게 된 것이다.

다시 필자 가정사로 돌아가 보자. 모친은 슬하에 필자를 포함하여 삼남매를 두었다. 삼남매 외에 중간에 딸이 더 있었지만 시아버지가 업다가 떨어뜨려 뇌진탕으로 갓난아이 때 사망하게 되자 모친은 평생 또 가슴에 묻은 것이다.

장래쌀을 운영하여 60~70년 사이 2천여 평 가까이 농지를 마련하셨다. 그리고 농업인으로 기본 터전을 이루셨던 것이다. 수리감각 등 머리는 비상하셨다. 성경에서 표현한 현숙한 여인이셨다. 교회와 집안 살림을 도맡아 하신 어린 시절 필자가 본 모친의 삶이다. 그리고 외모는 청순한 아낙네 모습이지만 심지는 여장부셨다. 천성이 진실하고 정의로웠다. 믿음을 가지신 이후로는 두려움을 전혀 갖지 않으셨다.

필자의 부친은 필자의 나이 9세(1972년)에 지병으로 별세하였다. 모친의 나이 만39세, 40세였다. 얼마나 젊은 나이인가.

그리고 한이 서릴 수밖에 없는 어린 시절에 계모가 낳은 이복 여동생이지만 중매를 하여 혼인하게 했는데 그 남편은 총신대학을 졸업하여 목회자가 된다. 제부는 이북 출신이시다. 모친께서는 보친이 세우나시피 한 동네 교회에 목회자로 청빙하기까지 하셨다. 70년대 초기 2년 정도 필자의 집을 사택으로 삼게 하여 목회활동을 도우시기까지 하셨다. 이 부분도 육신의 생각으로 용납할 수 있는 가능한 일일까 생각해 보지 않을 수 없는 부분이다.

그 후 이모부는 장로교 신학을 한 이유로 감리교단의 목회는 문제가 되어 타지역인 인천 만수동 허허벌판으로 개척을 위해 목회지를 옮기게 되었다.

이복 이모부께선 필자의 부친 사망 후 어린 우리 삼남매를 키우시는 모친에게 안타까웠던지 자신의 목회지가 인천으로 이동하게 되는데 같이 가서 초기 도시 생활과 목회의 도움을 권하셨지만 모친은 끝내 시골교회를 지키고 섬기려고 뜻을 정하셨다.

훗날 또 장성한 필자의 형이 33세에 교통사고로 사망하게 되자 어머니는 또 자식을 평생 가슴에 묻어야만 하셨다.

개인사에 있어 세상에 이보다 더한 비극적인 운명이 어디 있으며, 수많은 한을 가슴에 지니고 어찌 사셨을까 생각하지 않을 수 없게 한다.

그런데 어머니는 원수 이상으로 여겼어도 아무렇지도 않을 계모를 신앙으로 감싸고 이복동생을 평생 신앙으로 사랑하며 왕래하셨다. 친모친의 죽음을 목격했음에도 불구하고…, 오히려 목회자 가정으로 여기며 대우하시고 섬기셨다.

어찌 가능했을까. 진리의 신앙이 아니고서는 목회자인 필자로서도 쉽게 수용할 수 없는 상황이 아니지 않았겠나 싶다.

나머지 언니들과 동생은 평생 연락도 하지 않고 미워하였지만 모친은 늘 친동생처럼, 친어머니처럼 신앙으로 고백리와 인천 만수동을 오가며 두 분을 사랑하셨고 섬기셨다. 필자 기억으로 일 년에 한 번은 농사지어 쌀까지 직접 갖다 주기도 했고, 이복 이모와 이모부를 사모와 목회자로 평생 존중하였던 것이다.

필자는 아무 생각 없이 모친을 따라 쌀을 갖다 주거나 방문할 때마다 한 집안이니 이복동생이라도, 계모라도 가깝게 지내나 싶었지 외조모의 불행한 죽음 뒤에 숨어있는 사연이 있음에도, 도저히 사랑할 수 없는 상황에서 하나님 형상을 가진 모친의 진정한 모습을 발견할 수가 없었다. 그때는 몰랐고 알 수도 없었던 것이다.

필자의 삶을 돌아보면 진리의 신앙을 소망하고 진리의 신앙이라 주장하는 필자 자신이 부끄러울 뿐이다.

위대한 나의 어머니! 어머니여! 생전에 어머니 마음을 평안케 하지 못한 이 죄인 불효자식을 용서하소서. 당신의 며느리로 하여금 육신적 기쁨을 드리지 못함을 용서하소서.

필자는 그렇다고 하나님이 짝지어 주신 아내를 버릴 수 없는 현실이었고, 이 아들도 모친 사망 이후 연이어 아내를 잃자 하나님 형상을 보이신 모친께 죄인인 듯싶어 지금도 모친을 더 편하게 하지 못함에 가슴에 한이 되어 회한의 눈물과 가슴이 먹먹할 뿐입니다.

모친의 어린 시절부터의 큰 아픔을 헤아리거나 이해하지 못하고 평생 풀어드리지 못하였으니 어찌 용서받을 수 있으리요.

이제 내일 가련다. 외조모 산소를 다시 찾았으니 나무를 베고 표식을 하고 어머니의 한을 조금이라도 풀어드리리라. 사후 무슨 소용인들 있겠냐 마는 생존해 계신 노구에 막내 이모가 그리워하고 죽기 전에 오신다 합니다.

끝내 이복 이모는 모친이 소천하시자마자 연락이 잘되지 않는다. 목회자 사모인 이복 이모의 삶을 평가할 수 없지만, 영적 지도자의 사모로서 신앙의 순수함에 의구심마저 일어남은 지울 수 없다. 이모부께선 성품이 아주 점잖으시고 나름 영력을 가지고 목회의 삶을 사셨다고는 필자도 인정한다. 그러나 지금에 와서 목회자의 관점으로 생각해 보면 이모부의 목회관은 그저 은혜목회 이상도 이하도 아닐 뿐이다.

훗날(1990년) 모친을 포함하여 필자의 가정 모두가 영적인 진리 신앙을 위해 직접 친히 주도적으로 선두에 서서 세우다시피 한 교회를 뒤로하고 나옴에 대해 모친에게 영적 거부감을 피력하였고, 필자의 신학적 견해에 대해서도 이내 반감을 가지셨기 때문이기도 한 듯하다.

필자가 지금까지 언급한 진리 신앙을 배경으로 영적 출애굽을 단행하자 모친은 사실 먼저 예비된 심령이었다. 모친은 필자에 앞서 목회자와 영적 갈등을 수없이 겪었으며, 갈등과 질시 속에 영적인 싸움을 스스로 이겨내고 참아오셨던 것이다. 이내 이후 신앙 노선을 모친은 필자와 함께 하게 된 것이다.

모친이 세운 교회에서는 난리가 났다. 설립자 중 가장 핵심 중직원이, 그것도 제일 신앙의 어른이라 할 수 있는 위치의 모친께서 어느 날 갑자기 예상치도 못한 가운데 교회를 등졌으니 조용할 리가 없었다.

수년에 걸쳐 ○○○ 장로는 필자와 모친에게 돌아오길 권하였지만 필자와 모친의 입장에서는 과거 육신주의 신앙세계로 돌이킬 수는 없는 것이었다.

심지어 훗날 모친사망 시 장례를 거론하며 압박까지 하였다. 육신주의 신앙으로 되돌아갈 수는 없는 것이었다. 이단이라 수군거리며 수없는 소리를 들으며 지내길 어언 30여 년이 되었다.

모친은 홀로 가정에서 예배를 드리거나 아니면 필자가 소개한 동역자 교회를 나가기도 하였다. 그리고 이내 필자가 목회를 시작하자 운명하시는 날까지 수원과 용인, 그리고 가정예배로 평생을 필자와 함께하셨다.

아마도 떠나온 교회에서는 필자와 모친이 집안 재산을 다 팔아 어느 이단 교주에게 갈 것이라 추측한 모양이었다. 그런 소문은 바람결에 분명 들려왔다. 온갖 비난과 멸시, 조롱, 무시의 소리가 들려왔다.

모친이 동네 이웃 모두에게 쏟은 정성과 사랑은 계모와 이복동생 가정에 대해 쏟아온 사랑보다 사실 그 이상이었다. 성경에 등장한 증인의 삶 이상이셨다. 그렇다 보니 면전에서는 아무도 비판하지 못하는 동네 인심이었고, 뒤에서만 수군거릴 뿐이었다.

필자에게 젖형제가 한 명 있다. 필자보다 6개월 정도 먼저 태어났지만 그의 어머니가 젖이 나오질 않자 모친이 한동안 젖을 먹여 필자와 함께 키운 형제나 다름없는 친구이다. 고아나 다름없는 이웃 아이를 돌보기도 하였으며, 믿음 없는 가정이라도 결코 소홀히 하지 않으셨다. 한결같은 하나님의 사랑으로 모친은 이웃 모두를 대하셨던 것이다.

신앙의 결단으로 세우신 교회를 나왔어도 모친과 필자는 끝내 동네를 떠나지 않고 30여 년 묵묵히 진리의 신앙을 고수하며 여러 사건을 겪으며 지금까지 왔고 앞으로도 이 진리 신앙에 최선을 다할 것이다.

떠나온 시골교회에 대해서는 이런저런 아쉬운 생각과 함께 복합적인 감정이 오간다. 그러나 모친의 유훈을 받들어 어머니가 그리하셨던 것처럼 이 못난 필자도 사랑하는 마음을 버리지는 않고 이어 가려 한다. 모든 인간에게 대한 하나님의 사랑을 실천할 것을 결심하며 기도한다. 이는 모친의 유훈이기도 하지만 신앙인으로 최소한의 자세이지 않을까 싶다.

어머니여! 죄송합니다. 하나님 우편에서 영생하시고 하나님 나라 임할 때 어머니는 신앙의 위대함을 어느 선지자나 증인들 못지않게 감당하셨기에 주님 나라에서 최고의 영광 자리에 위치하고 있으리라 믿어 의심치 않습니다.

방언과 통역, 예언 신유의 은사까지 그리고 입신하여 수차례 하늘나라 거문고 타신 천국 경험을 들려주시며 즐거워하시고 위로받으셨던 어머니여! 어느 목회자보다도 영력이 더하여 항상 목회자의 질시를 받으셨지만, 끝까지 내색하지 않으시고 겸손하셨던 어머니! 교만하지 않고 낮은 자세로 이웃을 위해 희생하고 정성을 쏟으신 어머니!

교회 섬기길 목회자보다 먼저 앞서 나아가 청소하시고 기도하시고 새벽예배 후 하루도 거르지 않고 말씀을 묵상하신 어머니, 가정예배를 끊지 않으시고 평생을 이어가신 어머니, 유별나게 기도원도 찾지 않으시고 교회와 이웃만을 섬기신 어머니여! 필자는 한나의 기도가 부럽지 않으리라.

이 땅에서 육신의 위로는 다 못 받으셨어도 하나님이 그 눈물 닦아 주시는 위로를 영원히 받으시는 생명책에 녹명됨에 이 못난 필자는 확신합니다.

어느 호스피스의 증언대로 수만의 천군천사로 영접받는 가운데 올리셔서 하나님 품에 안기셨으니 이생에 남아 있는 죄인인 필자는 감사하고 위로가 넘치나이다.

이 외에 모친의 이웃 한 가정 한 가정, 그리고 모든 이에게 스쳐간 사연들을 기술한다면 본서의 분량도 부족할 것이다. 어려움에 처한 이웃의 상황과 새로이 동네에 유입된 모든 자들에 대하여 믿지 않는 가정을 가리지 않고 하나님 사랑으로 대한 사연들은 다 표현할 수 없을 정도이다.

그러나 증인의 삶은 자신을 결코 어느 순간에도 드러내는 것을 원치 않으셨다. 그리함은 인간의 자랑일 것이기에 생전에도 분명 그랬지만, 지금 이 순간도 자신의 삶에 언급되길 결코 원치 않으심은 모친의 유훈임을 필자는 잘 알고 있다.

그만큼 모친은 진리 되신 하나님만을 바라보며 지극히 낮은 자세로 살아왔다. 누가 왜곡을 하든 알아주지 않든, 그 모든 상황에 하나님과 동행하므로 다 품으셨고 감당하셨던 것이다.

필자가 이만큼이라도 표현을 하지 않을 수 없었음은 그 귀한 진주가 감추어져 있기 때문이다. 그리고 값진 증인의 삶이 왜곡되지 않게 함이기도 하다. 증인의 삶을 가장 가까이서 지켜본 필자이기 앞서 한 신앙인의 입장에서 증인이 살아간 생애를 또한 왜곡되지 않게 나타냄이 최소한의 의무로 느꼈기 때문이다.

그 누가 증인이고 증인의 삶일까

아브라함, 야곱, 요셉, 모세, 엘리야, 사도 바울 등 그들만일까

한 여인이 영적 홍해를 건넜고 영적 광야를 지나 요단강을 갈랐다

그의 기도에 하늘의 문은 열려 비 내리고 열매가 끊어지질 않았었다네

그가 기도한 병든 자가 일어나니 어느 증인의 표적과 비한다 할소냐

인고의 세월 멈추니 수만의 천군 천사 호위하여 보좌로 안내하네

그가 길을 걸으니 어두운 세상이 빛이 되어 밝아지고

사무엘, 다윗, 엘리사, 사도들의 삶 부럽지 않으리

내겐 하늘 군대 보유하신 모친의 사랑 있으니

그 진리의 사랑 영원하여 이 죄인 품으시고

보좌 불병거로 여종의 삶 영접하시니

내게 생명이요 산증인이시라

영원한 나의 증인이리

나의 어머니여!

2. 아! 기회가 아직 남았을까

매일 50여 년 넘는 인생을 돌아보며 하루하루를 살아간다. 매일 매일의 삶 속에 지나간 50여 년 인생이 정리되듯 늘 스쳐 지나간다.

나는 어떤 삶을 살아왔는가?

과연 성공적인 삶으로 지금을 살아가고 있는가?

내 삶의 기본배경은 모태신앙이었다. 단 하루라도 하나님의 성품을 잃지 않으려 마음가짐을 한다. 그런데 그동안 신앙을 가지고 열심히 살았다고 하면서도 돌이켜 보면 늘 죄인이었으며, 지금도 씻을 수 없는 죄인이다.

어쩌면 한 가닥 소망의 끈을 놓지 않고 하나님을 찾을 수 있는 길이 지금이라도 내게 있다면 이는 고인이 된 모친과 필자 가슴에 묻힌 이젠 하나님 품에 안긴 아내의 유훈일 것이다.

두 여종은 내게 '믿음의 유산'이란 너무 큰 보화를 남겨 주었지만, 이 죄인은 잘 빛내지 못했다. 지금이라도 보석 같은 진리의 사랑을 빛낼 수 있을까? 마지막 울부짖을 기회는 있을까?

미물에 불과한 존재이지만 무슨 역할을 하다 흙으로 사라질 것인가.

식민시절의 어려운 유년 시절을 보내고 6.25 전쟁 속에 인간의 허망함을 그리고 불행한 외조모의 삶을 목격한 모친은 절망보다는 하나님을 향한 뜨거운 신앙으로 목회자 없는 황망한 초롱불만 남루한 시골 마을에 이웃 형제자매들과 예배를 드리다가 교회의 기초를 세웠다.

모친께서는 한평생 신앙의 진정한 정의로움을 몸소 실천한 용감한 여인이었다. 목회자 없는 시골 마을에 교회의 초석을 다지셨으니 진정 믿음의 여인이었다.

2013년 6월 9일 모친의 임종 직전 어느 중년 후반의 호스피스이셨던 여 권사님이 내게 다가와 다음과 같이 말하였다.

"아니 이분은 도대체 어떤 분이시고 어떤 인생을 사셨기에 지금 온 병실 안에 셀 수도 없을 정도의 천군 천사가 가득히 있나요? 수많은 목회자와 장로들, 신앙인들의 임종을 보았어도 이와 같이 셀 수도 없는 수만의 천군천사가 온 방에 가득하게 환호하며 그의 영혼을 맞이할 준비를 갖추는 모습은 제 생애 처음입니다."

필자는 속으로 울음을 참으며 감사했다. 어머니의 영력은 성경에 언급된 선지자 그 어떤 믿음의 증인보다 가히 부족하지 않으리라.

때론 목회자에게도 영력이 쉽게 나타나지 않는 신유의 은사라든가, 새벽녘 기도하다 일상화된 입신, 방언과 통역 및 예언의 은사까지, 평생 기도원에 가시길 거부하며 새벽부터 교회에 나아가 기도로서 단 하루라도 거르지 않고 몸 된 교회를 섬기는 모습, 누구보다 어머니를 가까이 보아 온 필자로서 감히 고백할 수 있다. 호스피스의 권사님의 증언을 통하여 보여주신 어머니의 마지막 영광된 모습을...

필자가 중3 아니면 고1 때인가 어느 초가을 아주 깊은 밤 새벽에 필자는 영꿈(靈夢)을 꾸었다. 하늘에 주먹 같은 별들이 수없이 필자를 향해 떨어지고 해와 달도 필자를 향해 떨어지는데 온 동네 모든 사람은 깊은 잠에 취한 상황이었다. 그사이 밝은 하늘에 순간 용(龍)이 해와 달 별 사이를 지나가더니 이내 사라졌다. 이 땅에 주님이 강림하시는 모습이었다. 필자는 급히 잠자는 이들을 깨우려고 "예수님 오십니다. 어서들 일어나세요, 주님이 오시는데 잠자고 있으면 어떡합니까?" 소리치며 사방팔방으로 온 동네를 뛰어다녔다. 그러나 그렇게 '주님이 오신다'고 소리 지르며 외치고 뛰어다녔지만, 동네 사람들 모두는 깊은 잠에서 일어나는 자 하나도 없었다. 그야말로 무반응이었다.

모친께서는 "귀한 꿈을 꾸었구나" 하시며 매일 아침 드리는 가정예배 후 필자의 얼굴을 쓰다듬어 주셨고, 요셉 같은 인물이 되길 늘 가정예배를 통해서 기도하신 것을 회상한다.

70년대, 80년대 초반까지 시골 풍경은 대부분 초가집으로 가득한 모습이었다. 그리고 교회 앞까지도 굽이굽이 돌아가는 꼬불꼬불한 골목길이었다. 그런데 꿈에서는 본 교회 앞 모든 초가집들과 꼬불꼬불한 골목길은 정리되어 온데간데없고 일자형의 포장된 대로였다. 집들도 깔끔하게 정리된 모습이었다. 신기하게도 그 길과 집들은 30여 년도 못 되어 꿈에서 본 그 모습 그대로 신기할 정도로 변해 있었다.

30여 년 이상 후에 있을 필자 신앙의 모습을 하나님이 보여주신 것일까 하며 늘 가슴에 되새기며 살아간다. 필자에게 하나님은 어떤 역할을 하라는 것인가 하면서 두 여종의 죽음과 슬픔 속에 한 줄기 소망의 끈을 잡을 수 있는 길이 있을까. 고뇌 속에 살아간다.

필자의 대학입학 수개월 전 어느 날 담임 목사님이 내게 "○○야 너 신학대 가는 건 어떠냐? 교회 설립자 집안에서 목회자 한 명은 나와야 되지 않겠니?" "예? 근데 저는 성경을 제대로 알지 못하고 신학을 하게 되면 삯꾼 목사가 될까 봐 안 갑니다."라고 자연스럽게 대답하였던 기억이 난다.

어느 증인의 삶　201

아마도 이 표현에 필자는 의식하지 못했지만, 당시 목사님은 그 답변에 적지 않는 당황함이 될 수도 있었겠구나 하며 오랜 세월이 지난 지금 생각을 해본다.

결국 필자는 중문학을 전공하게 되었고, 군인의 길을 선택하여 잠시 군에 몸을 담았다. 그렇지만 군인으로서 성공적 삶을 살기에는 부족하다 여겨 임기가 종료되면 전역을 하리라 생각했다. 필자는 그렇게 군 생활을 시작했다. 그만큼 간절했었던 것일까. 성공하고 싶었다. 가난했던 촌뜨기 젊은이는 그리 세상에 첫발을 내디뎠고, 어떻게든 야곱이 에서에게 팥죽을 팔아서라도 장자의 권위를 빼앗듯, 사회적으로 성공하고 싶어 군인의 길을 선택하게 되었던 것이다.

그리 시작된 군인의 길이었기에 독하게 시작하고 인내하며 훈련을 잘 소화해 냈다. 참모업무 수행에 두각을 보여 마지막 지휘관 시절에는 중대장과 대대 작전관 보직을 맡아 교육 및 작전 행정 업무에 창의성을 보이기도 하였다. 하지만 이내 군인의 길로서 한계를 인정하고 전역한 필자는 국가로부터 무엇이든 할 수 있다는 재직기간을 통해 자신감과 능력, 행정 능력만큼은 갖게 되는 큰 혜택을 누리게 되었다.

필자는 군 생활 중에서도 늘 신앙의 아쉬움이 컸다. 영적으로 무기력한 한국교회를 보며 어느 교회를 나가도 갈급함을 풀길이 없었다. 진리 믿음에 대한 갈급함이었을까? 필자를 향한, 이 시대를 향한 하나님의 약속의 말씀과 뜻을 알기 어려웠다. 진리를 알기 위해 성경을 중심으로 한국사와 세계사는 물론, 철학사와 고대사 그리고 모든 종교사와 그 외 인문학사에까지도 탐구하였다. 그래도 영적 갈급한 심령은 해결할 길이 없었던 것이다.

그 순간 지금은 고인이 되었지만, 아내가 필자에게 다가온 것이다. 꿈속에 하나님이 마지막 때 귀히 쓸 역할에 대한 필자의 모습을 보여주셔서 6년여 동안 간헐적으로 서신만 주고받던 사이에서 마음의 문을 열어 배우자로 받아들이게 되었다면서….

'아내를 얻는 자는 복을 얻고 여호와께 은총을 받는 자니라' (잠 18:22)

'누가 현숙한 여인을 찾아 얻겠느냐 그 값은 진주보다 더하니라 그런 자의 남편의 마음은 그를 믿나니 산업이 핍절치 아니하겠으며 그런 자는 살아 있는 동안에 그 남편에게 선을 행하고 악을 행치 아니하느니라' (잠 31:10~12)

아내는 한국대학생선교회 전임간사로 이화여자대학에서 수습간사와 군산 및 공주지구의 전임간사로 역할을 수행하다가 1990년 2월 필자와 한 가정을 이루게 되었다.

당시 무기력한 한국교회와 대학생선교회 지도부의 적지 않은 영적 무기력함 속에 그도 많은 갈등 속에 필자에게 어느 한 목회자를 소개해 주셨다. 지금은 고인이 된 서산지방회 감리교 출신 ○○○ 목사이다. 무엇인가 정확히 흐름을 읽어낼 수는 없었지만 종말신학 사상이 칼빈주의 사상에 가깝고 영적으로 이스라엘 역사와 한국의 역사, 특히 교회사적 측면에서 그의 사상에서 시사하는 바가 있음을 느끼게 되었다.

이후 필자는 저명한 신학자들의 주석집을 비교하며 아내와 함께 혹 이단사상은 아닐까 싶어 고민하면서 성경을 연구하고 분석하였다. 아마도 1년 가까이 연구했던 것으로 기억된다.

그렇게 ○○○ 목회자와 인연이 되어 필자는 인생 진로의 큰 변화를 맞이하게 된다. 그 즉시 평생을 섬길 줄 알았던 시골교회와 한국교회의 영적인 실상을 깨닫고 아무 미련 없이 영적 출애굽 하는 심정으로 모친과 함께 번개같이 나오게 된 것이다.

군 현역 시절 ○○○ 목사와 연관된 사경회 자료를 통해 필자의 30여 년 가까이 갈등했던 한국의 정치 역사적 문제, 교회 영적 무기력한 모든 문제의 원인, 종교개혁으로서의 한국교회의 역할 및 필요성 등 이 모든 영적인 문제가 한순간 풀어지게 되었던 것이다.

순간 용이 스쳐 지나갔다. 필자의 어린 학생 시절 영꿈 속에서 본 그 용의 모습이었다.

그 후 필자는 군 생활을 정리하고 신학대학원(현 백석재단)을 거쳐 작은 교회를 담임하며 수년간 몰입하여 집필활동을 하게 되었다. 당시에는 ○○○ 목사의 사경회 자료를 문서화해야겠다는 의무감과 사명감이 컸다.

《말세에 구원성을 건설하라》(편집본 비매품, 1993년), 《광야의 양육》(도서출판 예루살렘, 1993년), 《진리로 다스리는 하나님》(도서출판 예루살렘, 1997년)을 연이어 출판하였다. 물론 본 저자는 박○○ 목사이지만, 칼빈주의 종말사상과 역사적 전천년주의 입장에서 필자가 주도적으로 저술한 종말론 성경강해서이다.

화제를 전환하고자 한다. 아주 오래전 1990년 어느 초여름인가 싶다. 군 복무 시절 전라도 광주시 상무대 OAC(고군반) 교육 중 시내버스에 올라타 시내로 향하던 중 어느 흰 백발의 노인을 만난 한 장면이 떠오른다. 자연스레 자리를 양보하였다. 그런데 어르신은 좀 길게 느껴질 정도로 필자를 물끄러미 엷은 미소를 지으며 바라보셨다. 필자는 멋쩍은 듯 "어르신 편히 가세요. 전 서서 가도 괜찮습니다"라고 말을 하자, 이내 이름 모를 어르신은 입을 여셨다.

"참으로 안타깝구려! 그 귀 관상만 아니었다면 대한민국의 손에 꼽는 교육자가 될 상인데. 그 뉘어있는 귀 관상으로 원하지 않는 군복을 입고 있는 것 같네요…. 허기사 그 화려한 얼굴상에는 그 귀 관상이라야 하지." 하며 씁쓸하게 웃으시고 미소를 띠셨다.

이후 성경 강해서 집필활동이 어느 정도 마무리되고 필자는 우연찮게 90년대 후반 교직에 입문하게 되었다. 그리고 교육계에 헌신한 지 한 해 두 해 쌓이다 보니 어언 20년 이상이 흘렀다.

필자의 그동안 삶을 돌아보면 가끔 30여 년 전 버스 안에서 만난 노인의 말이 떠오른다. 그는 누구였을까. 어떤 분이셨을까. 아마도 그 노인은 교육자 출신이었을 듯싶다. 훗날 교육자의 길을 걷는 내 모습을 예상이라도 한 그 어르신의 말이 새삼스럽게 떠오른다.

교회가 영적으로 건강하지 못하니 사회가 흔들리고 수많은 사람이 이성 없이 행한다. 일면 하나님의 영이 없는 모습에 슬프기 그지없다. 탄식하는 마음이 떠나질 않는다. 교회로부터 진리가 왜곡된 시대적 아픔이라 생각하니 교직에서도 무거운 책임감마저 든다.

목회자와 교육자의 삶을 비교하게 된다. 어느 것이 더 중요할까? 비교하기가 어렵다. 하나님 앞에 다 가치가 있고 중요하다. 목사는 주일을 중심으로 설교 몇 번으로 끝나지만, 교사는 교단에서 하루에도 많은 시간을 학생들과 어울리며 그들과 함께 할 수 있기 때문에 교사의 역할이 더 중요하다고 생각되기도 한다. 더 나아가 현장을 살아가는 평신도의 삶이 목회자의 삶보다 더 의미가 있고 열매로 나타남에 있어 얼마나 중요한지 깨닫게 되는 계기가 되기도 하였다.

목회자는 하나님의 종이지 아들이 아니지 않는가. 목회자가 사명을 잘 감당하면 받을 면류관이 따로 있지만, 하나님은 이 시대 인간이, 즉 모든 그리스도인들이 예수 그리스도 진리 신앙을 왜곡하지 않는 상속자 아들의 신앙과 인격으로 성숙하고 변화되는 삶을 살아가길 원하지 않을까 한다.

이 점을 생각하면 필자 자신이 어느 한 삶의 순간도 무시할 수 없으며, 살아 호흡하는 순간 어디든 필자 자신의 삶이 필요한 곳이라면 외면할 수 없기에 평생을 쉬지 않고 교육자로서의 삶도 연계하여 살아오는 것 같다. 목회자와 교육자로 삶이 욕심이요, 교만이라면 하나님 판단에 따를 뿐이다.

트라우마가 생겼다. 모친께서 몹쓸 병(위암)에 걸려 고통스럽게 지내던 그 순간들이….

시간이 어느 정도 많이 흘렀어도 잊지 못한다. 거기에 더 큰 트라우마까지 생겼다. 아내의 죽음이다. 모친은 신앙의 올곧은 길을 끝내 걸으셨다. 마음이 선하시고, 부드러우시고, 진실하고 이면에는 강직함이 있으셨다. 아내도 신앙의 순수함을 지켜냈다. 어머니를, 아내를 살아생전 더 편히 모시지 못함에 가슴을 치며 지금도 한이 되어 마음의 눈물이 끊이질 않는다. 가슴이 미어진다. 어느 순간에는 먹먹한 상황이 되기도 한다.

10여 년 사이 필자에게 두 여종의 병사는 가히 충격이었다. 이 점에 대해서도 주변에서는 수군거릴 것이다. 아니 그리 바람결에 들려왔다. 시골 자신들의 교회를 떠났으니 하나님 앞에 저주를 받았느니 하면서 이런 말 저런 말 많이들 할 것이다. 사실 필자도 잠시 이런 바람결 소리에 잠시 흔들리기도 하였다. 그러나 이내 바로 서고자 결심하고 다짐했다.

생전 아내의 말이 생각나 늘 귓가에 떠돈다. "언제 하나님 사역에 전념하실래요. 이제 하나님이 주신 글 쓰는 사명 제2의 종교개혁을 위한 타인의 글이 아닌 당신의 글을 써야 하지 않겠어요."

아내도 모친의 임종과 함께 바로 연이어 4년 가까이 몹쓸 병마로 필자를 향한 순결하고도 의로운 사랑을 남긴 채 끝내 주님 품에 안기었다.

진리 역사에 충성하지 못하는 이 용서받지 못할 죄인을 통해 더 부끄럼 당하지 않게 하시려고 주님이 순결하고 흠 없는 양의 모습으로 두 여종을 품으셨던 것에 깨달음이 다가왔다.

가슴이 미어지고 고개를 둘 수 없는 순간들이었고, 아니 지금까지 아무것도 할 수 없다. 필자를 위해 평생 헌신하고 희생한 두 여종의 삶을 생각하면 생각할수록 병마에 힘들어하던 10여 년 순간들을 생각하면 가슴이 먹먹하여 하염없는 눈물만 흐른다.

어찌하면 좋은가. 길이 있을까.
이 육신 목숨이 다하는 순간까지도 이 아픔은 없어지지 않으리라.

하나님 주신

가장 귀한 선물을 잃게 되어 용서 바랍니다.

당신의 딸 건강 지키지 못한 불효자를 용서 바랍니다.

아들들아 용서해다오 이 못난 아비를

누구보다 캠퍼스 현장에서 열정으로

믿음의 사역을 감당하는 진실된 당신의 삶이었기에

학교에선 청소년들의 아픔을 함께 하였고

내게 향한 당신들의 헌신은 진주와 같고 눈망울처럼 귀한데

그 귀한 당신들의 이 땅 위에서의 삶이 여기서 꺾이니

하나님 얼마나 당신들을 사랑하면 정결하고 순결한 모습

이 죄인의 삶 앞에 더 욕되게 하지 않으시려고 이리도 일찍 품어 주실까

주의 섭리만 소망합니다.

나의 사랑아!

진리 세계에서 영원히 안식하소서

3. 과연 이 길을 갈 수 있을까

 필자는 지금도 아니 과거와 앞으로도 이렇게 자신에게 '나는 과연 이 길을 갈 수 있을까'라는 질문을 끊임없이 던질 것이다. 그런데 이런 질문을 내게 던질 때 늘 떠오르는 성경의 한 장면이 있다.
 출애굽한 이스라엘 백성이 가나안 땅에 열두 정탐꾼을 보낸 사건이다. 열두 정탐꾼은 가나안 땅을 정탐한 후 돌아와 이스라엘 회중 앞에 서서 그 결과를 보고한다.
 열두 정탐꾼은 가나안 땅의 과일을 이스라엘 백성에게 보이며 다음과 같이 보고하였다.

 "모세에게 보고하여 가로되 당신이 우리를 보낸 땅에 간즉 과연 그 땅에 젖과 꿀이 그 땅에 흐르고 이것은 그 땅의 실과니이다. 그러나 그 땅 거민은 강하고 성읍은 견고하고 심히 클 뿐 아니라 거기서 아낙 자손을 보았으며… (29절 중략)… 갈렙이 모세 앞에서 백성을 안돈시켜 가로되 우리가 곧 올라가서 그 땅을 취하자 능히 이기리라 하나 그와 함께 올라갔던 사람들은 가로되 우리는 능히 올라가서 그 백성을 치지 못하리라 그들은 우리보다 강하니라 하고 이스라엘 자손 앞에서 그 탐지한 땅을 악평하여 가로되 우리가 두루 다니며 탐지한 땅은 그 거민을 삼키는 땅이요 거기서 본 모든 백성은 신장이 장대한 자들이며 거기서 또 네피림 후손 아낙 자손 대장부들을 보았나니 우리는 스스로 보기에도 메뚜기 같으니 그들의 보기에도 그와 같을 것이니라" (민 13:27~33)

정탐꾼이 보고한 내용을 정리한다면 가나안 땅은 정말 젖과 꿀로 비유되듯 이스라엘 백성에게 희망을 주는 곳이었다. 그러나 그곳 원주민은 너무 강하여 우리가 점령할 수 없다는 것이었다.

이런 보고를 하자 이스라엘 온 회중은 밤새 통곡하며 모세와 아론을 원망한다. 이 순간 여호수아와 갈렙은 백성을 조용하게 하고 그 땅을 취하자 능히 이기리라고 역설하였다.

그리고 옷을 찢으며 여호와께서 우리를 기뻐하시면 우리를 그 땅으로 인도하여 들이시고 그 땅을 우리에게 주시리라 다만 여호와를 거역하지는 말자 하였다.

그 땅의 백성이 네피림의 후손이며, 아무리 거인이라 할지라도 두려워 말자 하였다. 그들은 우리의 먹이이며, 우리에겐 여호와가 함께하시므로 능히 이길 수 있기에 두려워하지 말자 하였다. 그러자 온 회중이 여호수아와 갈렙을 돌로 쳐 죽이려 하였던 것이다.

이것이 이스라엘 백성에겐 육신적으로 앞에 놓인 현실이었던 것이다. 육신적인 난관 앞에 그들은 하나님의 약속을 망각하게 된 것이다.

예수 그리스도를 당시 정통주의라 자처하던 유대교 전체가 일어나 죽일 듯 십자가에 내몰았다. 이스라엘 온 회중이 돌로 쳐 죽이려 하는 그 순간 예수를 바라보는 하나님의 율법을 섬긴다는 유대인들 그들의 마음은 어떠했을까. 주님의 마음은 또 어떠했을까.

예수 그리스도를 하나님의 아들이요 메시야로 받아들이기에 당시 유대교 기득권 체제하에 대제사장, 서기관, 바리새인들은 육신적으로 용납하기 어려운 현실이었던 것이다.

갈렙과 여호수아는 가나안의 백성이 강하고 성읍이 아무리 견고하여도 하나님의 약속마저 거역할 수 없었다. 출애굽한 목적이 가나안 땅에 들어가는 것인데 육신적인 난관 앞에 하나님의 약속마저 잊어서는 안 된다고 역설하였던 것이다.

이스라엘 백성을 향한 가나안은 오늘 우리가 사는 현대교회에서 어떤 의미를 갖는가. 오늘날 그리스도인들에게 약속한 가나안은 무엇일까. 그리스도 문화가 편만하게 이루어지는 미래 세계요, 진리 세계이다. 하나님의 아들들이 다스리는 새예루살렘성의 시대이다. 성부, 성자, 성령 삼위일체 하나님이 인간에게 그 장막을 펼치는 시대이다.

진리 세계를 어떻게 이룰 수 있는가. 육신주의 믿음의 한계에서 벗어나지 못하는 현대교회의 주류를 차지하는 교회현실과 한계를 넘지 못하는 신학적 개념으로 과연 영적인 가나안 땅을 이끌어내고, 과연 점령할 수 있을까. 어림없다.

현대교회가 부활과 변화체 신학을 강하게 주장하고 실천된 예배의 삶을 보일 수는 없는가.

필자는 과연 주님 가신 길 십자가의 길을 진정 뒤 따라갈 수 있을까.

돌을 들어 갈렙과 여호수아 모세와 아론을 죽이려 하던 이스라엘 백성은 오늘 현대교회에서는 누구인가. 진리 없는 육신/교권주의 교회가 그 역할을 대행할 것이다. 그들 앞에 필자는 과연 당당할 수 있을까. 믿음의 용기가 좌절되지는 않을까. 베드로처럼 닭 울기 선 신리의 주님을 부인하지는 않을까. 부활하신 주님을 만난 사도들이 극악한 죽음으로까지 장엄한 순교의 꽃을 피운 것처럼 필자 역시 그 믿음 지킬 낼 수 있을까.

예수 그리스도를 십자가에 도살할 양 취급하며 내몬 유대인은 현대교회에서 누구인가.

그리고 이러한 장면들은 지난 이스라엘 역사라 하여 현대교회에서는 결코 재현되지 않을 것이며, 무관하다고 주장하는 세대주의적 신학관을 가진 교회의 주장은 진정 참일까.

중세 가톨릭이 교회와 교황의 절대 무오성 사상에 헤맬 때 종교개혁이란 하나님의 날 선 역사적 심판에 직면하였음을 현대교회는 왜 반면교사로 삼지 못하는 것인가.

아무리 생각해도 진리의 신앙으로 나아가지 않으면 교회가 아무리 성하여도 '선지자 피 흘리는데 다시 그 일에 참여한다'라는 성경의 교훈을 잊을 수 없다.

예수 그리스도가, 사도들이, 선지자를 포함한 믿음의 수없는 증인들은 고난의 길을 가면서도 그들은 모두 부활과 변화라는 그 신학적 과제까지 굳건히 지키고 완성하였다. 그리고 끝내 사자에게 찢기고, 거꾸로 십자가에 매달리고, 톱으로 몸이 사방팔방 잘리는 죽음의 순간에도 위대한 길을 감사와 찬양으로 나아갔다.

이 세상 다시 오실 주님 앞에 필자는 부끄럽기 그지없다. 과연 수없는 증인의 한 삶처럼 필자도 이 길을 갈 수 있을까. 수 없이 필자 자신에게 질문을 하며 매일 매 순간 숙연해진다.

뒤돌아 타협하고 싶은, 시골교회에 다시 돌아가 그래서 다시 모친의 희생이 담긴 터전으로 돌아가 육신적 편안함과 관계망을 회복하고 싶은 마음을 수십 년 수만 번 가져보기도 하였다.

모친은 그를 거쳐 갔던 모든 목회자보다 앞서서, 필자보다 훨씬 전에 마지막 때 교회 가운데 펼치시는 인 떼는 사건, 은혜 성령 역사가 거두어지고 영적 환난이 옴을 직감하셨고, 성경을 통해 깨달으시고 열리기 시작하셨다.

그리고는 이내 당신이 세우다시피 한 시골교회를 과감히 하나님이 인도하시는 대로 필자와 함께 아무 미련도, 아쉬움도 없이, 영적 출애굽을 단행하셨던 것이다. 어느 증인의 믿음의 결단과 삶에 비교할 수 있겠는가.

끊임없는 영적 홍해바다가 펼쳐졌고, 영적 광야가 펼쳐졌지만, 모친은 이내 모든 것을 가르시고 하나님 정의와 공의의 모습을 흔들림 없이 실천하고 하나님 형상에서 왜곡된 삶은 결코 살지 않으셨다. 모친은 필자의 생생한 증인이 되셨다.

성경 전체는 하나님의 구속 사역의 연속이며, 순교 신앙을 향한 믿음의 증인들의 역사요, 첫째 부활에 참여하는 순교신앙(부활체)과 산 순교(변화체=살아서 주님을 맞이하는 진리 신앙=육성이 하나님의 인격체로 변화하는 삶)신앙을 통해 완성된다는 메시지이다.

이런 삶을 모친은 묵묵히 목숨이 끊어지는 순간까지 실천하셨다. 그 어느 누가 봐주지 않아도 필자에게 생생하게 증거를 남기셨고, 하나님만 바라보며 나아가셨다. 세상에서는 외롭게 생을 마감하셨을지 모르지만 수만의 천군천사가 호위하며 보좌로 영접하였음을 세상이 증명하였다.

수만 번 생각하고 기도하여도 변화체, 즉 하나님 형상으로의 끊임없는 변화의 삶과 도전은 중단할 수 없다. 수님 낭시에 '부활체'가 핵심이있다면, 오늘날 세계교회를 선도할 신학과제는 '변화체'신학과제이다. 이는 배반할 수는 없는 하나님이 교회시대를 향해 약속한 예언의 말씀이다. 이 사실에 배도할 수 없는 깨달음에 필자는 다시 일어선다.

그리고 환난의 정체는 세상 나라의 혼란이 아닌 교회의 영적 환란이요, 어두움이요, 여기서 무저갱 문이 열리고 적그리스도, 거짓 선지자, 음녀가 나와 육신주의 신앙인들을 모두 짐승의 영으로 물들게 하는 것을 알기에 돌이킬 수 없는 것이다.

지금은 주객이 전도되었고 왜곡되었지만, 모친의 희생이 기초가 된 교회를 필자는 모친과 함께 영적인 출애굽하는 마음으로 뒤돌아보지도 않고 돌이켜 영적 광야로 들어선 지 오랜 세월이다.

풀어야 하고 실천해야 할 신학적 과제가 필자의 삶을 지배하였기 때문이다. 어언 30여 년이 흘렀다.

인간적 외로움과 고립, 이단이니 하는 조롱과 멸시 고립무원의 길을 꿋꿋이 걷는다. 필자는 힘에 겨워도 변화체(=부활체)란 신학적 과제, 곧 만물의 모든 피조물들이 고대하는바 하나님의 아들들이 나타나는 첫째 부활의 역사란 이 약속의 말씀의 신앙에서 결코 후퇴할 수 없는 것이다.

부활체, 변화체 영광의 역사가 아무런 영적 대환난의 과정도 없이 이루어질 수 있다고 보는가. 첫째 부활에 역사는 주님과 같은 아들의 믿음, 사도와 선지자들의 순교믿음이 아니면 결코 이룰 수 없다. 많은 목회자의 질시 가운데서도 겸손함으로 끝내 하나님의 성품을 보이신 모친의 산 순교의 증인된 삶이 필자에게 더욱 간절함을 갖게 한다.

필자에게는 육신적 외로운 삶의 길을 감수하더라도 하나님이 깨닫게 해 주신 생명과 약속의 말씀은 생명의 길이 되기에 결코 돌이킬 수 없다. 좌우로 치우치기에는 용납할 수 없는 하나님이 주신 깨달음이다. 실상으로 반드시

성취해야 할 어린 시절 꾼 영꿈이요, 하나님이 내게 주신 약속이다.

주님이 부활을 언급할 때 생전에 제자들마저 믿지 않았다. 오늘날 살아서 산 순교의 정신으로 인간이 진리 믿음으로 나아갈 때 살아서 진리로 믿는 자들은 주님을 맞이하는 순간 변화체가 된다는 사실에 많은 자가 입으로는 시인하나 행위로 부인하는 적그리스도적 실상을 보인다. 이는 주를 또 다시 십자가에 못 박는 일이다. 필자는 이런 가중된 삶과 신앙에는 함께 할 수 없고 하나님 인도하심만을 따를 뿐이다.

부활과 변화체 이 원리를 많은 사람이 믿는다 하면서도 이게 과학적으로 가당한 일인가. 속으로 의심한다. 입으로는 시인하지만 행위로는 변화체 삶을 사는 자가 없는 현대교회의 실상이라는 것이다. 많은 사람이 그저 아무 생각 없이 믿는다 하는 것은 육신주의 삶이지, 진리의 영과 아무런 상관없는 삶이다. 남이 가니 대세인가 보다 하며 따라가는 형국이다.

진리의 길, 이 길을 과연 갈 수 있을까. 가보자! 끝까지! 마음과 뜻과 정성과 힘을 다해 가련다.

과거 율법시대에 하나님의 뜻을 깨닫지 못한 자들은 선지자들에게, 중인들에게 양심에 화인 맞아 돌을 들어 쳐 죽이려 하였다. 오늘날 그러한 장면은 인권시대의 지금의 현실에서는 재현될 수 없겠지만 과거 그러한 역사의 장면은 어떠한 영적 모습으로 오늘날 현대교회에서 재현될 것인가 하며 생각해 본다.

철서히 왜곡함과 멸시, 비웃음, 조롱, 무시, 경시, 고립으로 내몰 것이다. 이것을 이겨내어 진리 신앙 지켜냄이 산 순교이다. 영적 환난이 닥칠 때 분노하지 않고, 교만하지 않고 낮은 자세와 섬김으로 끝까지 감사와 찬양함으로 약속을 잊지 않아야 한다. 교회가 육신주의 신앙으로 물들게 하고 진리를 왜곡함이 대환난의 정체임을 귀 있는 자는 깨달아 알지어다.

하나님만이 아시는 그러한 역사가 재현될 때 과연 필자는 믿음의 용기를 잃지는 않을까. 필자는 두려움에 떨지는 않을까. 이러한 생각들이 필자 자신의 삶에 순간순간 항상 엄습하고 속삭인다. 이것이 현실임에 부인할 수 없다.

그러나 하나님을 향한 변화체 신학과제라는 믿음의 신념을 왜곡할 수 없고 배반할 수는 없는 것이다. 이것이 나의 생명의 길이 되기 때문에 이 길을 끝까지 가자 결심하고 다짐하고 힘든 발걸음을 내디디고 또 내디딘다.

생각하면 생각할수록, 기도하면 기도할수록, 말씀을 묵상하면 묵상할수록 필자의 삶 곁에 천사로 다녀간 증인들의 삶을 생각하면서 그 기업을 더욱 실천하고자 한다.

모든 것 주님께 의지하고 주의 뜻을 사모하며 이내 몸 부서져도 마음과 뜻과 정성을 다하여 주가 약속하신 첫째 부활을 향하여 변화체 신앙으로 나아가리라.